체면소비 및 마케팅 전략

체면소비 및
마케팅 전략

面子消費與營銷策略

유명강 劉明强 著

역락

머리말

체면은 한국사회 곳곳에 영향을 미치는 중요한 문화심리 중 하나로서, "남을 대하기에 떳떳한 도리나 얼굴"로 정의할 수 있다(최상진·김기범, 2000). 한국사회에서는 체면을 중시하며 체면이라는 단어는 일상화된 용어이다. "양반은 얼어 죽어도 겻불은 안 쬔다", "양반은 물에 빠져도 개헤엄은 안 친다"라는 옛 속담이 있다. 이처럼 한국 사람들의 일상생활에서 체면은 매우 친숙하고 중요하며 오래전부터 사용되어 왔다.

또한, "체면이 말이 아니다", "체면 때문에" 등과 같이 체면과 관련된 말을 지금도 자주 사용하는데, 이는 체면에 민감한 한국의 사회적 모습을 보여주는 것이라 할 수 있다(이용규·정석환, 2006). 우리의 일상생활에서 사람들이 체면을 중시하는 사례를 쉽게 찾아볼 수 있다. 사람들은 자신의 경제적 능력과 사회지위를 넘어서는 소비를 하고, 자신과 관계가 없는 일을 하면서 스트레스를 받으며, 지나치게 타인의 평가나 시선을 의식하여 반응하는 행위들을 빈번하게 볼 수 있다.

이 책은 소비자의 체면민감성과 충동구매성향을 각각 세분화하고, 체면민감성이 충동구매성향 및 만족에 미치는 영향과 함께 충동구매성향이 만족에 미치는 영향을 알아보고자 하였다. 또한, 충동구매성향은 체면민감성과 만족의 관계에서 매개변수로 작용하는지,

그리고 제품관여도가 체면민감성과 만족의 관계에서 조절변수로 작용하는지에 관해 탐색하였다.

연구결과, 첫째, 체면민감성의 하위요인 중 창피의식성은 충동구매성향의 하위요인 중 암시충동구매에 유의한 정(+)의 영향을 미치는 것으로 나타났으며, 타인의식성과 형식격식성은 암시충동구매에 유의한 영향을 미치지 않는 것으로 나타났다.

둘째, 체면민감성의 하위요인들은 모두 충동구매성향의 하위요인 중 자극충동구매와 상기충동구매에 유의한 정(+)의 영향을 미치는 것으로 나타났다

셋째, 체면민감성의 하위요인 중 타인의식성과 형식격식성은 충동구매성향의 하위요인 중 순수충동구매에 유의한 정(+)의 영향을 미치지만, 창피의식성은 순수충동구매에 유의한 영향을 주지 않는 것으로 나타났다.

넷째, 충동구매성향의 하위요인 중 암시충동구매와 상기충동구매는 만족에 영향을 미치지만, 자극충동구매와 순수충동구매는 만족에 영향을 미치지 않는 것으로 나타났다.

다섯째, 체면민감성의 하위요인 중 타인의식성은 만족에 유의한 영향을 미치는 반면에 형식격식성과 창피의식성은 만족에 유의한 영향을 주지 않은 것으로 나타났다.

여섯째, 체면민감성의 하위요인 중 타인의식성이 암시충동구매의 매개를 통해 소비자의 만족에 영향을 미치는 것으로 나타났다.

마지막으로, 체면민감성 중 타인의식성이 만족에 미치는데 있어 제품관여도는 정(+)적인 조절변수의 역할을 하고 있으며, 창피의식성이

만족에 미치는 데 있어 제품관여도는 부(-)적인 조절변수의 역할을
하고 있는 것으로 나타내었다.

 또한, 형식격식성이 만족에 미치는 영향에서 제품관여도는 유의
한 조절변수의 역할이 없는 것으로 조사되었다.

 이러한 연구결과를 통해 기업과 마케터들에게 보다 의미 있는 이
론적 시사점과 마케팅 전략 수립 및 실무적 시사점을 제시할 수 있
다고 판단된다.

2022년 2월

유명강

차례

● 표 차례

● 그림 차례

1장

체면소비 개요

체면소비 개요

1.1. 체면소비 연구의 배경 및 목적

1.1.1. 체면소비 연구의 배경

사람들은 정도의 차이가 있을 수 있으나, 체면을 매우 중요하게 여기며 생활한다. 체면을 중시하는 것은 누구에게나 있는 것이다. 사람들은 다른 사람으로부터 인정받기 위해서, 또는 존경, 권력 등과 같은 사회적 가치와 물질적 이익을 얻기 위해서, 혹은 자신의 자존심을 유지하기 위해서 체면이라는 사회문화적 특성을 가진 행동을 한다. 다른 사람으로부터 인정받는 것은 인간행위의 원동력이 되며(Smith, 1937), 자아실현의 시발점이면서 동시에 귀착점이 되기도 한다. 즉, 인간은 사회적 동물이기 때문에 타인을 의식하지 않을 수 없다.

Hofstede(1983)의 연구에서 체면은 문화적 차이와 계층적 분류를 가능하게 해주는 점에서 시장세분화에 의미 있는 요인으로 보고 있다. 즉, 체면을 통해서 소비자의 소비 유형을 분석하고, 보다 나은 마케팅 전략을 설계할 수 있다는 것이다. 실제 과거 마케팅 분야에서 체면을 활용한 연구가 활발히 진행되어왔다. 특히 한국사회에서 체면은 소비패턴과 매우 밀접한 관련이 있다.

한국에서 체면에 관한 연구는 사회심리학 분야와 문화심리학 분야를 중심으로 이루어져 왔는데, 최근 경영학과 마케팅 관련 분야에서도 체면과 관련된 연구가 시도되고 있다(이명현·이형룡, 2013). 타인을 의식하는 체면의 특성의 수준인 체면민감성은 마케팅 상황에서도 소비자의 행동에 영향을 미치는 요인으로 연구되고 있다(이병관, 2012; 서용한·오희선·전민지, 2011). 체면은 개인 자신에게 영향을 미치는 행위 및 태도의 발현으로 설명되는 반면에 체면민감성은 "개인의 사회생활 속에서 자신의 신분, 지위, 인격 혹은 도덕성 등과 능력에 대한 타인의 승인 및 인정, 사회적 불안에 대해 민감하게 반응하는 것"(정명선·김혜진, 2009)을 의미하나 이 두 용어는 유사하게 활용되는 경우가 많음을 알 수 있다(이병관, 2014).

그동안 체면민감성은 대부분 부정적인 변인과 관련되어 그 대상과 분야가 다소 제한적으로 진행되었다. 한국인들은 이상적인 사회적 관계 속에서 자신의 지위에 맞추어 체면을 세우고 잃는 경험을 하며, 자신의 체면을 유지하기 위해 때로는 비합리적인 행동을 하기도 한다(최상진·유승엽, 1992). 소비자들은 본인의 사회적 지위에 어울리는 소비를 통해 체면을 지키고자 하며, 자신을 과시하거나 타인에게 인정받기 위한 소비를 하는데 이는 제품에 내재되어 있는 속성보다 외재적 속성에 더 큰 의미를 둔다고 할 수 있다(Belk, 1988).

이러한 이유로 체면민감성은 소비자의 충동구매성향에도 관련이 있을 수 있다고 판단된다.

그러나 체면은 비언어 행위를 통해 정감을 나타내거나 소속감을 느끼게 해주거나(박현구, 2005), 타인과의 관계를 원만히 유지하게 하는(이경근, 2014) 등의 긍정적인 측면도 있다. 즉 소비자의 소비과정에서 체면민감성은 긍정적인 효과가 유발될 수 있다고 해석할 수 있다.

구매환경의 급속한 변화와 소비자들이 지각하는 합리적인 구매의 판단 기준 변화는 과거 충동구매에 대한 부정적인 차원의 다양화를 필요로 한다. 소비자들은 더 이상 충동에 의한 구매를 비합리적인 것으로만 생각하지 않으며, 쇼핑의 합리성을 이성적 사고에 의한 구매 혹은 계획적 구매로 결정하지 않았다. 즉 충동구매 역시 합리적 소비행위로 볼 수 있으며, 소비자에게 긍정적인 영향을 줄 수 있다.

선행연구들을 살펴보며, 체면민감성과 충동구매성향의 관계에 관해 활발히 연구되고 있다(김세희, 2011; 김재휘·김태훈·전진안, 2008; 서용한·오희선·전민지, 2011; 양문희, 2016; 양성목·김형길, 2019; 이명현·이형룡, 2013; 최상진·유승엽, 1992). 그러나 체면민감성이나 충동구매성향 둘 중 하나만 세분화 하여 각 하위요인별의 관계를 연구한 논문은 발견할 수 있지만, 두 변수를 같이 세분화하여 서로 구체적으로 어떻게 영향을 미치는지를 연구한 논문은 부족한 실정이다. 따라서 이 책에서는 체면민감성의 하위요인들이 소비자의 충동구매성향에 미치는 영향을 세부적으로 살펴보고자 한다.

또한, 충동구매의 긍정적인 효과가 있다는 연구결과가 지속적으로 보고되고 있다(박은주·강은미, 2016; 박진우·송인암·김규배, 2018; 서문식·천명환·안진우, 2009; 양성묵·김형길, 2019; 오희선, 2016; 이수지·김인숙, 2011; 임동섭·최동오·윤철호, 2018; Gardner and Rook, 1988; Hausman, 2000; Heilman, Nakamoto and Rao, 2009; Holbrook and Gardner, 2000; Weinberg and Gottwald, 1982). 이 연구결과들에 의하면 충동구매는 부정적인 감정인 후회로 연결되지 않고, 소비자들에게 만족을 주는 구매행동으로 인식되고 있는 것으로 판단된다.

그리고 체면민감성과 만족의 관계에 관한 연구에 의하면, 김형석·이승환(2011), 이홍미·김태형·이지환(2019), 박상수·우양일(2012), 최진·이지환·정아람·김태형(2018) 등의 연구에서는 체면민감성이 만족에 영향을 미치는 것으로 연구되어 있다. 그렇지만 이러한 연구들은 특정 분야인 골프산업, 문화예술산업, 야구용품산업 등에 한정하고 있어 연구결과의 일반화에는 다소 한계가 있다. 아울러 대부분 연구들은 구매만족 차원에 집중하여 전반적인 만족에 관한 연구가 필요하다.

또한 체면민감성이 다른 산업분야나 일상생활에서도 동일한 효과가 발생하는지에 대해 실증연구도 필요하다. 제품관여도는 소비자들의 개인적 특성과 상황에 따라 차이는 있으나 특정 제품에 대한 소비자의 태도형성과정, 정보처리과정, 의사결정과정 등에 영향을 미친다. 따라서 이 책에서는 정교화가능모델을 적용하여 제품관여도가 체면민감성과 만족의 관계에 있어 조절효과가 있는지에 대해 살펴보고자 한다.

더 나아가 선행연구를 살펴보면 체면민감성, 충동구매성향 및 만족은 서로에게 영향이 미치는 것으로 조사되어 있기는 하지만, 이러한 영향 관계가 구체적으로 어떻게 형성되어 있는지에 관한 연구는 거의 없는 실정이다. 따라서 이 책에서 기대불일치이론을 적응하여 충동구매성향이 체면민감성과 만족의 관계에 있어 매개효과가 있는지 알아보고 이들 간의 관계를 구체적으로 규명하고자 한다.

1.1.2. 체면소비 연구의 목적

이 책은 기존 관련 문헌을 바탕으로 소비자의 체면민감성과 충동구매성향을 각각 세분화하고, 체면민감성이 충동구매성향 및 만족에 미치는 영향과 충동구매성향이 만족에 미치는 영향을 알아보고자 한다. 또한, 충동구매성향은 체면민감성과 만족의 관계에서 매개변수로 작용하는가, 그리고 제품관여도가 체면민감성과 만족의 관계에서 조절변수로 작용하는가에 관해 탐색하고자 한다. 위와 같은 연구의 필요성과 목적을 바탕으로 다음과 같이 연구를 진행하고자 한다.

첫째, 연구자에 따라 다양하게 제시되고 있는 체면민감성, 충동구매성향, 만족 그리고 제품관여도를 체계적, 종합적으로 정리하여 각 변수에 대한 개념을 명확히 하고자 한다.

둘째, 소비자 체면민감성의 하위요인들은 충동구매성향의 하위요인들 및 만족에 어떠한 영향을 미치는지를 파악하고자 한다.

셋째, 소비자 체면민감성과 만족의 관계에서 충동구매성향은 매개변수로 작용하는지 밝히고자 한다.

넷째, 소비자 체면민감성과 만족의 관계에서 제품관여도는 조절 변수로 작용하는지 밝히고자 한다.

다섯째, 연구문제 검정을 통해 이론적 및 실무적 시사점을 도출 하고자 한다.

이를 통해 체면민감성, 충동구매성향 그리고 만족의 영향 관계가 구체적이고 체계적으로 규명되어, 후속연구의 실증적인 연구 자료 로 활용될 수 있기를 기대한다. 아울러 기업들은 기존의 마케팅 전 략에만 머물러 있기 보다는 소비자의 다양한 소비성향과 가치관 등 을 바탕으로 한 새로운 마케팅 연구가 진행되어 보다 진일보한 연 구결과가 제시되기를 기대할 것으로 판단된다.

1.2. 체면소비 연구의 방법 및 구성

1.2.1. 체면소비 연구의 방법

이 책은 소비자의 체면민감성, 충동구매성향, 만족, 그리고 제품 관여도의 관계에 관한 연구로, 문헌고찰을 통해 이론적 배경과 연 구문제를 수립하여, 설문지를 통한 수집된 자료를 바탕으로 검증하 는 방법으로 진행하고자 한다.

우선 소비자의 체면민감성, 충동구매성향, 만족, 그리고 제품관여 도의 개념을 명확하게 하기 위해 선형연구를 통해 각각의 개념적 틀을 살펴보았고 체면민감성과 충동구매성향을 세분화 하였다. 이를 통해 이 책을 위해 필요한 이론적 고찰을 하였고, 다음으로 이 책의 연구문제를 설정하고 실증연구를 실시하여 연구문제 검증 결과를 도출하고자 한다. 실증분석을 하기 위해 먼저 설문조사를 실시하였으며, 표본은 부산지역에 거주하고 있는 20~50대 대학(원)생 및 일반인을 대상으로 하였다.

이 책의 연구문제 검증을 위해 SPSS 22.0 프로그램을 사용하였으며, 인구통계적 특성분석을 위해 빈도분석을 실시하여 수집된 자료에 대한 기초 분석을 실시하였다. 설문문항으로 제시된 제품관여도, 체면민감성, 충동구매성향, 그리고 만족에 대한 요인의 타당성을 검증 위해 탐색적 요인분석을 실시하였고, 신뢰성을 검증하기 위해 크론바흐 알파계수(Cronbach's alpha)를 산출하였다. 아울러 각 변수들 간의 관련성을 확인하기 위해 피어슨(Pearson)상관분석을 실시하였다.

연구모형을 통해 제시한 연구문제를 검증하기 위해 다중회귀분석, Baron and Kenny의 3단계 매개효과 검증기법, 소벨 테스트(Sobel Test) 그리고 더미변수 조절회귀분석을 실시하였다.

1.2.2. 체면소비 연구의 구성

이 책의 구성은 다음과 같다.

제1장은 서론으로 연구배경 및 목적을 제시하고 연구방법 및 구성에 관해 기술하였다.

제2장은 이론적 배경으로 기존 연구와 문헌을 토대로 소비자의 체면민감성, 충동구매성향, 만족, 그리고 제품관여도에 관한 선행연구의 이론을 재고찰 하였다.

제3장은 2장에서 검토된 이론적 배경을 바탕으로 연구모형을 설정하였고, 그에 따른 연구문제를 제시하였다. 그리고 변수의 조작적 정의 및 설문지 설계에 대해 기술하였다.

제4장은 본격적인 실증분석으로 표본 추출과 분석을 통해 변수의 타당성과 신뢰성을 확인하고, 제시한 연구문제에 대한 검증을 통해 변수간의 관계를 살펴보았다.

제5장은 결론으로 연구에 대한 요약 및 이론적과 실무적 시사점을 기술하였고 한계점 및 향후 연구방향에 대하여 제시하였다.

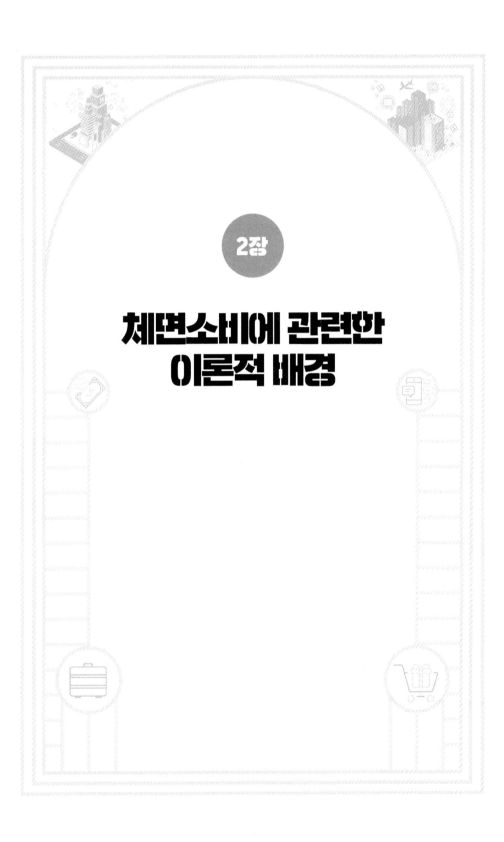

2장

체면소비에 관련한
이론적 배경

체면소비에 관련한 이론적 배경

2.1. 체면민감성

2.1.1. 체면민감성의 개념

체면은 한국인에게 사회적 얼굴이라도 불리기도 하고 사회적 자존심이라고도 한다(최상진·최인재, 1999). 최상진·김기범(2000)은 체면을 '남을 대하기에 떳떳한 도리나 얼굴'로 정의하였으며, 체면을 지키는 것은 사람으로서의 도리에 맞는 행동이라 하였다. 한국 사람들에게 있어 체면은 개인 심리적 특징이면서 사회적 관계에서 나타나는 특징이며, 한국사회에서만 발견되는 특징이 아니며 타문화권에서도 발견되는 보편적인 현상임을 제시한다(최상진·김기범, 2000). 즉, 한국인만이 가지고 있는 한국문화 특유의 현상이 아니고, 동양과 서양을 막론하고 다양한 문화권에 보편적으로 존재하는 개념이라고 볼 수 있다(Brown and Levinson, 1987).

한국에서 체면에 관한 연구는 사회심리학 분야와 문화심리학 분야를 중심으로 이루어져 왔는데, 최근 경영학과 마케팅 관련 분야에서도 체면과 관련된 연구가 시도되고 있다(이명현·이형룡, 2013). 자신의 사회적 지위와 경제적인 여유를 소비를 통해서 드러내려고 하는 경향을 보이며 지위를 나타내는 제품들을 구매함으로써 타인에게 과시하려는 심리이나 타인의 인정을 받으려는 심리 등을 보이는데, 이와 관련하여 가장 중요한 개인적 특성 중 하나는 타인을 의식하는 체면의 특성을 체면민감성으로 볼 수 있다.

최상진·김기범(2000)은 체면민감성이 타인의식과 많은 관련이 있다고 보고, 체면 욕구에서 나타난 결과를 중심으로 체면민감성 척도를 정교하게 개발하여 검증하였다. 이 연구에서 한국인은 타인에 대한 민감성이 높고 사회적 신분, 명예, 이미지 등을 중요하게 생각하기 때문에, 체면의식을 일상생활에서 중요한 심리적 현상으로 나타나는 한국인의 사회심리적 특성으로 정의하였다.

체면민감성의 다양한 정의를 살펴보면, 체면은 개인이나 자신에게 영향을 미치는 행위 및 태도의 발현으로서 타인의 이목 등에 민감하게 반응하며(이병관, 2012), 일상생활에서 사람들이 체면에 대해 얼마나 중요하게 생각하는 지를 나타내는 특성으로(이충원·김효창, 2006), 다른 사람의 시선을 의식하는 정도(최상진·김기범, 2000) 등으로 정의되고 있다. 또한, 이상희·김일호(2013)는 체면민감성을 일상생활에서 체면에 대해 얼마나 중요하게 생각하는지 나타내는 특성이라 하였으며, 김흥렬(2018)은 체면민감성을 자신의 행동이 다른 사람에게 평가를 받거나 관찰될 수 있다는 것을 의식하는 정도로 정의하였다.

그 밖의 연구를 살펴보면, 체면민감성은 사회적 계층이나 신분에 따라서 체면을 지키려는 정도(최상진·유승엽, 1992; 최상진, 2004), 타인의 인정, 사회불안에 대한 민감한 반응(정명선·김혜진, 2009), 타인의 시선을 의식하는 정도(박상룡·김선아, 2007), 체면을 의식하는 단계와 체면손상이 나타나는 감정적 반응의 정도(유민봉·심형인·홍혜숙, 2011) 등으로 정의하였다. 즉 체면은 개인의 심리적 특성이면서 동시에 사회적 관계형성 및 유지에 영향을 미치는 요인, 그리고 대인관계 촉진을 설명하는 사회심리학적 개념으로 이해되고 있다(이석재·최상진, 2001).

이렇듯 타인의식을 잘 반영하고 있는 체면은 한국 사회 소비문화를 설명하는데 있어 중요한 개념이 될 수 있다(김재휘·김태훈·전진안, 2008). 선행 연구자들에 의해 자주 언급되는 체면민감성에 관한 정의는 다양하지만 서로 간에 유사한 점을 포함하고 있다. 아울러 체면민감성은 주로 타인의 의식적 관점에 맞추어 연구되어져왔는데, 최근 체면민감성에 관한 연구는 더욱 세분화되는 추세에 있다. 이 책에서는 체면민감성을 대인관계에서 자신의 행동에 대한 타인의 시선 및 인정을 의식하는 정도이자 이로 인한 불안 등에 대해 민감하게 반응하는 특성으로 정의하여 그 하위요인을 도출하여 연구를 진행하고자 한다.

2.1.2. 체면민감성의 유형

여러 학자들에 의해 체면민감성을 개념화하고 체면민감성의 구성요소를 밝히고자 하는 연구들이 이루어졌다. 연구결과에 의하면 체면민감성은 그 유형에 따라 소비자의 구매행동에 미치는 영향이 다르게 나타나고 있다고 한다. 시장세분화 차원에서는 유형별로 소비자의 특성을 구체적으로 구분하는 것은 기업의 성공적 마케팅전략에게 도움이 된다고 볼 수 있다.

체면민감성에 관한 연구를 세부적으로 살펴보면 다음과 같다. 정명선·김혜진(2009)은 최상진·김기범(2000)의 측정항목으로 체면민감성을 측정하고, 체면민감성의 하위요인을 타인의 시선을 의식하는 '타인의식성', 격식과 예의, 교양 있게 행동하려고 노력하는 '사회격식성', 그리고 의견이나 주장이 받아들여지지 않아 기분이 상하거나 부끄러움을 느끼는 '자괴의식성' 등의 3가지 요인으로 분류하였다.

박상룡·김선아(2007) 그리고 이명현·이형룡(2013)은 체면민감성을 창피의식성, 형식격식성, 타인의식성 등으로 나누었는데, 여기서 창피의식성은 타인과의 관계에서 부끄럽거나 창피함을 느끼는 정도이며, 형식격식성은 타인과의 관계에서 형식과 격식에 어긋나지 않으려고 하는 정도이며, 타인의식성은 타인의 시선이나 타인의 평가에 대해 의식하는 정도라고 주장하였다.

각 하위 요인들과 다양한 소비행동에 미치는 영향에 대한 선행연구를 살펴보면, 박상룡·김선아(2007)는 체면민감성이 웨딩소비성향에 미치는 영향에 관한 연구에서, 소비행동을 실리 추구형, 품질 추구형, 개성 추구형, 그리고 유행 추구형 등의 4가지 하위 차원으로 구성하여 인과관계를 분석한 결과, 형식이나 격식을 중요하게 생각할수록 개성이나 유행보다는 품질이나 실리를 추구하는 소비행동을 많이 하는 것으로 나타났으며, 자신의 위신을 중요하게 생각하는 경우에는 개성과 유형을 추구하는 경향이 크다고 하였다. 그리고 타인의 시선이나 평가를 의식하는 경우에는 유행 추구적 소비성향이 낮아지는 등 체면민감성의 하위요인별로 소비행동에 미치는 영향이 다르다고 하였다.

박은희(2013)는 대학생을 대상으로 체면민감성을 창피의식, 사회격식, 타인의식, 위신 등의 하위차원으로 구분하였는데, 이 중 위신은 여학생보다 남학생에서 더 높게 나타났는데, 이것은 남학생이 여학생 보다 체면을 지키기 위하여 더 노력하고, 타인이나 사회격식을 의식할수록 타인에게 비치는 자신의 모습을 중시하여 성취와 외모에 관심을 많이 보인다는 것을 의미한다고 설명하였다.

조승호와 조상훈(2015)의 연구에서는 체면의 하위요인 창피의식성 체면과 타인의식성 체면이 브랜드 로고 사이즈 선택에 유의한 영향을 미치는 것으로 나타났으며, 타인의 시선에 민감할수록 자신의 제품을 타인이 쉽게 인식하도록 하기 위해 브랜드 로고 사이즈가 큰 제품을 선호하는 것으로 밝혀졌다.

이렇듯 체면민감성은 적어도 한국인에게는 매우 중요한 심리적 변인이며(Hofstede, 1995), 한국인의 체면의식은 미묘한 개념이기에 한국인의 일상생활은 물론 제품 구매나 소비행동에 중요한 기준으로 작용하는 변수가 된다(이철·장대련, 1994). 따라서 이 책에서는 체면민감성을 대인관계에서 자신의 행동에 대한 타인의 시선 및 인정을 의식하는 정도이자 이로 인한 불안 등에 대해 민감하게 반응하는 특성으로 정의하였으며, 이의 하위요인을 타인의식성, 형식격식성, 창피의식성 등의 3가지로 분류하여 소비행동에 미치는 영향을 살펴보고자 한다.

2.1.3. 체면민감성과 비계획적 구매에 관한 선행연구

한국인의 체면민감성이 대인관계에서 특별히 중요한 역할과 기능을 하며, 체면의식으로 인해 소비행동은 다르게 나타난다. 한국에서 체면민감성에 관한 연구는 사회심리학 분야와 문화심리학 분야를 중심으로 이루어져 왔는데, 최근 경영학과 마케팅 관련 분야에서도 체면민감성과 관련된 연구가 시도되고 있다(이명현·이형룡, 2013).

한국인의 체면민감성에 관한 선행연구를 살펴보면 다양한 유형과 분야에서 연구가 진행되고 있다. 먼저 체면민감성과 소비성향의 관계에 관한 연구(박상룡·김선아, 2007; 이명현·이형룡, 2013)가 있으며, 체면민감성과 구매행동에 관한 연구(김재휘·김태훈·전진안, 2008; 서용한·오희선·전민지, 2011; 정명선·김혜진, 2009)가 있다. 그리고 체면민감성과 재구매에 관한 연구(진대건·유소이, 2018), 체면민감성과 대인관계에 관한 연구(최상진·김기범, 2000), 마지막으로 국가 간 체면민감성 비교연구(범기수, 2007) 등 주로 5가지 유형으로 진행되고 있다. 이 중 대부분의 연구들은 체면민감성이 과시소비성향이나 명품소비, 비계획 소비 등 부정적 관계에만 초점이 맞추어져 왔다.

최상진·유승엽(1992)은 체면은 상황적인 요인으로서 비계획 구매에 영향을 미친다고 제시하였으며, 체면민감성과 비계획 구매의 관

계에 관한 연구가 시작되었다. 그리고 김재휘·김태훈·전진안(2008)
은 체면이 강한 사람일수록 비계획적 소비를 하는 경향이 높다고
하였다. 즉 체면이 활성화된 상황이 그렇지 않은 상황보다 비계획
적 소비를 더욱 유발하는 것으로 나타났다. 다시 말해, 체면이나 체
면민감성이 비계획적인 구매행동에 영향을 미친다는 것을 확인한
것이다.

서용한·오희선·전민지(2011)는 체면중시가 명품브랜드 가치평
가 및 선호도에 미치는 영향에 관한 개념적 틀을 제안하였고 이에
관하여 실증적 분석을 실시하였다. 이 연구에서 체면을 중시하는
소비자들은 과시적 가치, 사회적 가치, 감정적 가치가 명품브랜드
선호도에 더 큰 영향을 미치지만, 체면중시가 비교적으로 낮은 소
비자들은 품질가치를 더 중시하는 것으로 나타났다. 그리고 체면이
상황적 요인으로서 소비자 구매행동에 영향을 미칠 수 있으며, 특
히 비계획적 구매행동에 영향을 미칠 수 있다고 하였다.

이상의 연구들을 토대로 체면에 민감한 정도인 체면민감성과 비
계획적 구매 중 대표적인 충동구매의 연구가 특정한 산업에서 시작
되었다.

김세희(2011)는 체면민감성이 의복 소비행동에 미치는 영향에 관
한 연구에서 소비행동을 쇼핑향유, 상표중시, 인간관계 지향, 충동
성/동조 등의 4개 요인으로 구분하여 영향관계를 검증하였다. 연구
결과, 체면민감성은 의복의 충동적인 소비에 영향을 미치는 것으로
나타났다.

이명현·이형룡(2013)의 골프참여자를 대상으로 체면민감성과 소

비성향의 관계를 규명한 연구에서는 체면민감성을 창피의식성, 형식격식성, 타인의식성의 3가지 하위요인을 분류하여 체면민감성이 부정적 측면의 소비성향 뿐 아니라 계획적 소비나 절약소비 등 긍정적인 소비성향까지 포함한 다양한 소비성향과의 관계를 검증하였다. 연구결과, 체면민감성의 하위요인인 창피의식성은 충동구매성향에 정(+)의 유의한 영향을 미치고, 형식격식성은 충동구매성향에 통계적으로 유의한 영향을 미치지 않는 것으로 나타났다. 그리고 타인의식성은 충동구매성향에 부(-)의 유의한 영향을 미치는 것으로 나타났다.

양문희(2016)는 대학생들을 대상으로 개인성향(감각추구성향, 인지욕구, 자아존중감, 체면민감성)이 인터넷 충동구매성향(비계획적, 기분전환, 판촉자극, 구매자/제품자극)과 어떤 관계가 있는지를 살펴보았다. 연구결과, 체면민감성은 모든 유형의 충동구매성향에 영향을 주는 것으로 나타났다. 구체적으로 체면민감성이 높을수록 모든 충동구매성향이 높아진다. 이는 인터넷 충동구매 역시 남을 의식하는 구매활동으로 생각할 수 있는 가능성을 보여준다. 다시 말해, 패션제품의 충동구매성향에는 온·오프라인 구매활동에서 체면민감성이라는 개인성향이 매우 중요한 영향을 미치고 있는 것을 알 수 있다.

양성목·김형길(2019)의 연구에서도 체면민감성이 충동구매성향의 하위요인 중 순수충동구매와 제안충동구매에 영향을 미치는 것으로 조사되었다. 아울러 이들은 모바일을 통하여 의류제품을 구매하는 소비자의 특성을 과시성, 체면민감성, 가격민감성, 쾌락지향성 등으로 분류하여 이러한 특성이 충동구매 각 요인과 만족에 어떤 영향을 미치는지 살펴보았다. 연구결과, 체면민감성은 순수충동구매와 제안충동구매에는 긍정적인 영향을 미치는 것으로 나타났지만, 계획충동구매에는 유의한 영향을 미치지 않는 것으로 분석되었다. 그리고 충동구매와 구매 후 만족과 관련하여 순수충동구매와 계획충동구매는 만족에 긍정적인 영향을 미쳤지만, 제안충동구매는 그렇지 않은 것으로 나타났다.

현재 체면민감성이나 충동구매성향 둘 중 하나만 세분화 하여 각 하위요인별의 관계를 연구한 논문은 발견할 수 있지만, 두 변수를 같이 세분화하여 서로 구체적으로 어떻게 영향을 미치는지를 연구한 논문은 부족한 실정이다. 따라서 이 책에서는 체면민감성의 하위요인들이 소비자의 충동구매성향에 미치는 영향을 세부적으로 살펴보고자 한다.

2.2. 충동구매성향

2.2.1. 충동구매의 개념

충동(impulsion)이란 심리학에서 인간의 충동성을 의미하여 오랫동안 연구대상이 되어왔다. 일반적으로 충동구매는 비계획적 구매로 인식하고 있으며, 구매 후 후회와 같은 부정적 감정을 수반하는 것으로 알려져 있다. 급속히 변화하고 있는 소비환경 중 충동구매에 관한 인식 변화가 생기는지를 파악하기 위해 기존의 선행연구에 나타난 충동구매 개념의 흐름을 정리하고 비교하여 연구결과들을 살펴보는 것은 매우 중요한 작업이라고 판단된다.

충동구매의 개념은 많은 연구자들에 의해 다양하게 정의되고 있다. 충동구매에 관한 연구는 1950년대 초반부터 시작되었다. Stern (1962)은 충동구매의 개념을 소비자가 매장에 들어갈 때 제품을 구매하려고 하지 않았지만 실제 구매한 경우로 정의하였으며, Rook and Hoch(1985)의 연구에서는 충동구매를 소비자가 갑작스럽고 강력하며 저항할 수 없는 즉각적인 구매 욕구를 경험할 때 발생하고 복잡한 감정적 갈등을 야기한다고 정의하였다. Rook(1987)의 연구에서는 충동구매를 계획 없이 욕구가 발생하는 대로 즉시 구매하게 되는 행동이라고 정의하였다. 안승철(1996)은 충동구매를 사전에 구매계획이 없었지만 구매를 하게 되는 비계획적 구매와 동일한 개념으로 보았고, 김화동(2005)은 충동구매를 사전에 구체적인 구매계획이 없었으나 광고, 홍보 등과 같은 자극에 노출된 후 즉흥적으로 제품구매를 결정하는 것으로 정의하였다.

그러나 충동구매에 대한 정의는 아직까지 명확하게 통일되어있지 않다. 선행연구를 검토해 볼 때 충동구매에 관한 개념은 학자들마다 상이하게 정의되어 있다. 이는 충동구매가 그만큼 다양한 형태로 나타나고, 이를 측정하기 위한 조작적 정의가 어려운 것을 알려준다. 충동구매는 비계획적 구매와 동일한 개념으로(Engel, Blackwell and Miniard, 1990; Kollat and Willett, 1967; Stern, 1962), 소비자의 심리적 충동의 관점으로(Rook, 1987; Rook and Hoch, 1985; Weinberg and Gottwalt, 1982), 이성적이고 합리적 구매와 동일한 개념 등으로 정의되어왔다 (남승규, 1999; Hausman, 2000; Heilman, Nakamoto and Rao, 2002; Malter,

1996). 충동구매에 관한 연구자들의 연구결과를 정리하면 다음과 같다.

앞서 언급한 바와 같이 충동구매는 비계획적 구매다. Kottlat and Willett(1967)는 의도-결과 모형을 개발하여 충동구매를 제품구매에 있어서 구매계획과 실제 구매 결과 사이의 차이라고 정의하였다. 이 연구는 비계획적 구매 상황을 계획의 정도에 따라 구분하고 있으며 쇼핑 전 구매에 대한 계획의 결과가 변형된 정도를 바탕으로 충동구매를 분류하였다. Engel, Blackwell and Miniard(1990)는 충동구매를 제품계열이나 판매시점촉진 전략에 의해 발생하는 순간적인 구매행동으로 보고 있다. 소비자가 합리적 의사결정을 위해 일반적으로 문제인식-정보탐색-대안평가-구매-만족/불만족의 5가지 단계를 밟는데 비해 충동구매는 정보탐색과 대안평가를 무시하고 구매 후에 대한평가가 이루어지는 제한적 문제해결의 가장 단순한 유형이라고 하였다.

이상의 연구들은 사전 구매의도 유무 또는 구매의사결정 장소를 기준으로 충동구매를 정의하고 이를 비계획 구매와 동일한 개념으로 보고 있다. 하지만 충동구매 행동의 본질을 파악하기에는 충분한 설명을 제공하지는 못하는 것으로 보인다.

다음으로 소비자의 심리적 충동의 관점에서 Weinberg and Gottwald (1982)는 충동구매를 구매의사 결정에서 깊은 생각 없이 매장 내의 자극에 의한 즉흥적인 구매 행위로 정의하였으며, 충동구매는 자극에 의한 구매로 구매습관이나 습관적 구매행동과는 구별되는 개념이라고 하였다. 즉, 충동구매가 비계획적이긴 하나 비계획 구매가 반드시 충동적이지는 않다고 하면서 소비자의 감성적, 인지적 및 반사적 측면에서 충동구매가 결정된다고 하였다.

Rook and Hoch(1985)의 연구에서는 소비자의 충동구매가 자극의 양보다는 자극을 어떻게 받아들이는지에 따라 결정되므로 구매행동의 본질과 내적 상태를 파악하는 것이 중요하다고 하였다. 따라서 소비자의 심리적 충동의 관점에서 충동구매 개념은 구매 시 충동이라는 소비자의 내적과정에 의하여 정의된 것으로, 소비자가 감정적으로 활성화되고 인지적 평가가 줄어든 상황에서 발생함을 시사해 준다. 저자는 구매행위의 본질과 내적 상태를 파악하는 것이 선결문제라고 주장하고, 소비자의 충동구매 행위에 대한 심리학적 모델을 제시하였다.

그리고 Rook(1987)의 연구에서는 소비자의 내적인 관점에서 충동구매를 비계획적 구매와 달리 보았는데, 소비자의 충동구매는 소비자가 자극을 어떻게 받아들이는가에 초점을 두었다. 즉, 자극의 수용자인 소비자의 내적 상태를 강조하였는데 충동구매는 소비자가 갑자기 즉각적으로 무엇인가를 사려는 강력하고 지속적인 충동을 경험할 때 나타나는 구매행동이라고 주장하였다.

그 이후 Piron(1991)은 약 50년간 진행되어온 충동구매에 대한 개념을 종합적으로 재검토하여 충동구매 개념의 발달과정을 3단계로 정리하였다. 그 첫 번째 단계는 충동구매를 비계획적 구매와 동의어로, 두 번째 단계는 충동구매는 곧 비계획적 구매이고 거기에 자극에 대한 노출이 있어야 한다는 것으로, 그리고 세 번째 단계는 충동구매는 곧 쾌락적으로 복잡한 경험에 의한 구매행동으로 설명하였다. 즉, 충동구매는 비계획적 구매이며, 어떤 자극에 노출되어 즉각적으로 발생하는 구매행동으로 정의할 수 있다.

마지막으로 충동구매는 합리적이고 이성적 구매라는 입장을 취하는 연구자도 있다. Malter(1996)는 충동구매에도 이성적인 측면이 있음을 연구한 최초의 연구자로 표면적으로 충동구매는 비이성적인 것처럼 보이지만 그러한 행동에는 내재된 인지가 있음을 지적하였다. 남승규(1999) 역시 충동구매를 비합리적 행동이라기보다는 인지적, 시간적 노력을 적게 들이면서 소비자의 정적 정서를 유발하고 이에 부합하는 합리적인 행동으로 해석하고 있다.

Hausman(2000)의 연구에서 충동구매는 비계획적 구매와는 다르게 즉각적으로 제품을 구매하고자 하는 강력하고 지속적인 충동에 의한 쾌락적인 구매행동이기는 하지만, 소비자들은 충동구매를 반드시 나쁘게 여기지 않을 뿐 아니라 사후에 충동구매를 긍정적으로 평가하기도 한다고 하였다. 또한, Heilman et al.(2002)의 연구 따르면 충동구매는 이성적이고 합리적인 사고가 결여된 강한 자극적 욕구에 따른 것이라고 한다.

이상의 선행연구들을 종합적으로 정리하면, 대부분의 선행연구들은 충동구매를 비계획적 구매와 같다고 보거나 아니면 같은 맥락으로 보고 있기 때문에 비계획적 구매가 충동구매와 전혀 다른 개념이라고 볼 수 없다. 또한 대체적으로 충동구매가 자극에 연관되어 발생되기 때문에 충동구매 연구에서 자극에 관한 부분을 배제할 수 없다.

이 책에서는 선행연구의 내용들을 토대로 충동구매를 비계획적 구매와 동일한 맥락에 있으며 다양한 자극에 의해 발생하는 즉각적인 구매로 정의하고 설명하고자 한다. 즉, 충동구매성향은 사전에 구체적인 구매계획이 없었지만 갑자기 내적 또는 외적 자극을 받아 제품을 즉흥적으로 구매하는 특성으로 정의 하고자 한다.

2.2.2. 충동구매의 유형

충동구매 유형이란 충동구매 개념을 소비자의 행동특성과 연관 지어 일정한 유형으로 구분한 것을 의미한다. 충동구매 개념의 중 요성으로 인해 수많은 연구들이 수행되어왔지만 기존의 충동구매 에 영향을 주는 요인들을 분석하는 연구들은 대부분 종속변수인 충 동구매를 하나의 차원(박철·김인규, 2014; 전상택·이형주, 2012)으로 설 정하고 분석하여 왔다. 그러나 Stern(1962)에 따르면 충동구매는 여러 가지 차원으로 유형화되며 충동구매 유형화에 미치는 요인들에 대 한 세분화된 분석은 충동구매 소비 주체로서의 소비자 구매행동을 보다 구체적이고 체계적으로 이해하는 토대가 될 수 있다고 한다.

충동구매성향을 유형화한 연구를 살펴보며 Stern(1962)은 충동구매 자극요인에 의해 순수충동구매(pure impulse buying), 계획충동구매(planned impulse buying), 제안충동구매(suggestion impulse buying), 상기충동구매 (reminder impulse buying) 등 4가지로 분류하였다. 즉, 신기함을 발견하 고 이에 대한 흥미를 느껴 정상적인 구매행동에서 벗어나는 '순수 충동구매', 소비자가 어떤 제품을 보고 재고보충의 필요성을 인식하 거나 그 제품에 대한 광고나 정보를 회상하여 그 제품을 구매하려 고 했던 기억을 상기해 낼 때 발생하는 '상기충동구매', 소비자가 특정제품에 대한 사전지식이 없었지만 그것에 대한 필요성을 인지하게 될 때 발생하는 '제안충동구매', 그리고 소비자가 가격할인이나 쿠폰제공 혹은 사은품 증정 등과 같은 구매조건으로 인해 제품을 충동적으로 구매하는 '계획충동구매'이다.

Parboteeah, Valacich and Wells(2009)는 충동구매를 개인이 전혀 고려하지 않았던 제품을 구매하는 순수형 충동구매, 욕구가 있었던 제품을 구매장소에서 기억하고 구매하는 회상형 충동구매, 또한 제품을 보거나 제안을 받고 필요 욕구가 생겨서 구매하는 제안형 충동구매, 그리고 계획적으로 어떤 제품을 구매하러 갔지만 구체적인 브랜드나 모델은 프로모션(promotion)에 의해 결정하는 계획형 충동구매 등의 네 가지로 구분하였다.

한편, 한국 학자들의 연구를 살펴보면, 리대룡·이상빈·곽혁진(1997)은 다차원적 특성을 가진 충동구매성향에 대한 조작화와 척도개발을 하였는데 최근 충동구매의 측정방법으로 다양하게 이용되고 있다.

김화동(2005)의 연구에서는 충동구매유형이 3개의 집단으로 분류되었다. 구체적으로 첫째, 제품에 대한 사전 정보가 없이 즉흥적으로 구매하는 암시·순수적 충동구매집단; 둘째, 가격이나 사은품 등의 판촉활동에 영향을 받는 자극적 충동구매집단; 셋째, 과거의 경험에 근거한 상기적 충동구매집단으로 구분하였다.

이은진(2011)은 인터넷 패션 소비자의 충동구매성향을 4가지 유형으로 분류하였다. 첫 번째, 순수충동구매는 패션제품 구매 시 자주 사용하는 인터넷 쇼핑몰에서 마음에 들거나 독특한 상품 혹은 신상품을 발견하고 충동적으로 구매한 경험을 포함하고 있다. 두 번째, 상기충동구매는 인터넷 쇼핑몰의 패션상품이 현재 갖고 있는 옷과 어울리고, 예전에 그 상품을 사려고 했던 기억을 상기하거나 광고 혹은 정보 등이 생각나서 충동구매한 경험과 관련되는 것이다. 셋 번째, 암시충동구매는 사전 지식 없이 나중에 입을 수 있거나 품질, 성능이 좋아 보여 충동적으로 구매한 경험을 포함하는 것이다. 마지막, 자극충동구매는 인터넷 쇼핑몰에서 제공하는 쿠폰, 가격할인, 사은품 등의 판매촉진활동에 자극을 받아 충동적으로 구매한 경험과 관련되는 것이다.

이상에서 선행연구에서 알 수 있듯이 충동구매성향 및 행동을 분류하거나 유형화하고 있는 연구가 대부분은 Stern(1962)의 연구를 바탕으로 이루어져왔으며, 유형화 된 이름의 차이가 있기는 하지만, 분류의 기준은 거의 유사하다. 그리고 충동구매성향이 단일 차원이 아니라 다차원으로 구성되어 있음이 확인된다. 따라서 이 책은 다양한 선행연구를 바탕으로 충동구매성향을 암시충동구매, 자극충동구매, 상기충동구매, 순수충동구매와 같이 4가지로 분류하여 단일차원이 아닌 다차원으로 연구하고자 한다.

2.2.3. 충동구매 후 만족에 관한 선행연구

충동구매 초기의 연구들은 충동구매를 비합리적이고 위험하며 낭비성이 강한 소비행위로 규정하고 구매 후 후회를 유발하는 것으로 나타났으며, 소비자의 만족을 감소시키고 재구매의도에 부정적인 영향을 미치는 것으로 조사되어 있다. 충동구매가 후회를 유발하는 원인은 불필요한 제품 구매에 대한 후회(Dittmar and Drury, 2000), 구매하지 않은 선택대안과의 비교 등이 거론된다(전종근·이태민·박철, 2013; Landman, 1987; Loomes and Sugden, 1982).

그러나 최근에는 이와 반대로 충동구매의 긍정적인 효과가 있다는 연구결과가 지속적으로 보고되고 있다(박은주·강은미, 2016; 박진우·송인암·김규배, 2018; 서문식·천명환·안진우, 2009; 양성묵·김형길, 2019; 오희선, 2016; 이수지·김인숙, 2011; 임동섭·최동오·윤철호, 2018; Gardner and Rook, 1988; Hausman, 2000; Herabadi et al., 2009; Holbrook and Gardner, 2000; Weinberg and Gottwald, 1982).

부정적 감정의 해소라는 측면에서 Gardner and Rook(1988)은 충동구매가 제품의 획득, 욕구의 해소, 지루함 및 우울함 등을 줄여줄 수 있어서 대부분의 소비자들이 충동구매 이후에 긍정적 기분을 느낀다는 것을 하였다. 이러한 연구결과는 충동구매의 부정적 측면과 아울러 긍정적 측면과 관련하여서도 연구가 필요함을 말해 주고 있는 것이다.

Hausman(2000)은 충동구매를 제품을 통해서 쾌락을 얻고자 하는 목적에서 구매하는 것이라고 정의하였는데, 소비자의 쇼핑경험은 감정을 더욱 자극하여 구매의 촉매제 역할을 하여 소비를 증가시키거나 자신의 필요 혹은 욕구를 만족시키는 구매행동으로 이어진다고 주장하였다.

또한, 서문식·천명환·안진우(2009)는 충동구매 소비자들은 충동구매를 통해 자신이 얻고자 하는 가치를 획득하고 그 안에서 특정한 긍정적 감정을 경험하여 쇼핑에 대한 만족을 얻을 수 있다고 하였다.

기분과 정서를 개선하는 측면에서 Weinberg and Gottwald(1982)는 충동구매자들은 비충동구매자들에 비해 즐거움, 기쁨, 열광, 유쾌함 등의 긍정적 감정이 훨씬 더 활성화 되어 있다고 밝혔으며, Holbrook and Gardner(2000)는 구매 전 기분이 충동구매 경험과 결합하여 기분을 더 좋아지게 할 수 있다고도 하였다.

Herabadi et al.(2009)은 대형 상점에서 쇼핑하고 있는 소비자들을 대상으로 구매 직후 기분, 충동구매 경향성, 그리고 구매 충동성을 평가하였다. 그 결과 흥분, 열광, 충동적 기분, 행복과 같은 긍정적 정서가 충동구매 경향성, 구매 충동성, 그리고 실제 구매 행위와 정적인 관계에 있다는 것을 발견하였다. 이러한 연구 결과는 충동적으로 물건을 구매하는 사람들은 실제 구매를 할 때 증가된 긍정적인 정서를 경험한다는 것을 입증하는 것이라고 볼 수 있다.

또한, 박은주·강은미(2016)는 소비자들이 충동구매 후 제품획득, 기분전환, 욕구해소 등을 통한 긍정적 정서 혹은 만족감 등을 보여주며 충동구매에 관한 긍정적 측면을 강조하였다.

이상의 내용들을 종합해보면, 지금까지 충동구매에 관한 연구에서 구매 후 부정적/후회 같은 결과도 나타나기도 하지만, 이에 못지 않게 긍정적/만족 같은 긍정적 결과도 나타날 수 있는 것으로 보고되고 있다. 그리고 충동구매를 세분화하여 구체적으로 만족에 어떠한 영향을 미치는지에 관한 연구도 진행되고 있다.

오회선(2016)은 충동구매성향을 5가지로 분류하여 충동구매성향이 쇼핑만족에 미치는 영향관계를 연구한 결과 제품자극 충동구매, 기분전환 충동구매, 판촉자극 충동구매, 비계획 충동구매의 순으로 쇼핑만족에 긍정적인 영향을 미치는 것으로 나타났다.

염동섭·최동오·윤철호(2018)는 온라인 쇼핑몰 특성이 고객의 충동구매에 미치는 영향에 관한 분석을 수행하였다. 연구결과 온라인 쇼핑몰 특성 분석모형에서 판촉행사는 순수충동구매에, 명성/평판은 상기충동구매에, 상품구색, 품질 등은 제안충동구매에 각각 영향을 미치는 나타났다.

또한 박진우·송인암·김규배(2018)는 모바일 쇼핑에서 모바일 특성과 소비자 특성이 충동구매 및 만족에 어떠한 영향을 미치는지를 알아보았다. 연구 결과 보안성, 편재성, 즉시접속성이 충동구매에 긍정적 영향을 미치는 것으로 조사되었다. 그리고 소비자들은 모바일 쇼핑을 통해 충동구매 후 만족감을 크게 경험한다는 것으로 나타났다.

2.3. 고객만족

2.3.1. 고객만족의 개념

1980년 Oliver(1980)가 고객만족(CS: Customer Satisfaction)형성모형으로 기대-불일치 패러다임을 제안한 이후 세계적으로 고객만족에 대한 연구가 이루어졌다(라선아·이유재, 2015). 한국에서는 1990년대부터 본격적으로 고객만족경영이 자리를 잡았으며, 최근까지 다양한 주제로 심화·확장되면서 폭넓은 연구가 수행되고 있다.

고객만족의 개념은 학자마다 관점이나 접근방식에 따라서 다양하게 해석되는데, 이는 고객만족이 기업이 바라는 여러 성과와 관련되기 때문이다. 전상민(2018)은 고객만족에 관한 주요 연구 틀로 기대불일치 모형(Anderson, Fornell and Lehmann, 1994; Oliver, 1980)과 공평성 모형(Oliver and Desarbo, 1988; Oliver and Swan, 1989), 그리고 지각된 성과모형(Tse and Wilton, 1998) 등을 제시하였다. 이러한 모형들의 공통점은 구매경험에 대한 소비자의 지각된 성과가 중요한 구성 요소라는 점이다.

소비자의 구매 후 과정 모형을 바탕으로 한 Anderson(1973)의 연구에 의하면 구매 전 평가가 구매행동과 구매기대에 영향을 미치고, 구매기대는 비교과정을 거쳐 만족 혹은 불만족을 이끌며, 이러한 만족 혹은 불만족은 재구매 의사결정에 영향을 미치는 영향요인으로 작용한다는 것이 밝혀졌다. 그렇지만 소비자의 구매 후 행동모델을 적용한 Gilly and Hansen(1985)의 연구에 의하면 소비자는 구매 후 성과를 비교하는 과정을 통해 만족 또는 불만족을 느끼며, 만일 불만족을 느끼게 되면 다시 불평행동을 하여 비교과정을 거친 후 만족을 추구한다고 하였다.

Johnson and Fornell(1991)은 고객만족을 거래 특유적 고객만족 관점, 즉 개별적이며 불연속적인 각각의 거래에 대한 성과결과를 기대와 비교하여 그 차이에 의해 만족도가 결정된다고 주장하였으며, Cronin and Taylor(1992)는 고객만족을 시간의 경과에 따라 제품이나 서비스를 경험한 후 나타나는 감정이나 정서의 총합 또는 전반적인 평가로 정의하였다.

또한 Formell et al.(1996)은 전반적인 고객만족은 제공된 시장의 기대라고 하여 시장의 기대는 과거의 경험과 미래의 예상으로 구성된다고 하였다. 즉, 소비자들이 구매 후 경험하는 만족은 시간의 경과에 따른 과거의 경험과 미래의 예상에 대한 평가이다.

Oliver(1997)의 연구에서는 고객만족을 인지적 반응과 정서적 반응의 결합으로, 소비경험의 기억에 대한 반응이 제품특성과 소비에 대한 충족상태를 유쾌한 수준에서 충족되었는지에 대한 판단이라고 하였다.

그 외에도 고객만족은 구매자가 지각하는 제품에 대한 보상을 소비자 만족으로(Howard and Sheth, 1969), 제품에서 느낀 경험에 대한 감정적 반응으로(Westbrook and Oliver, 1991), 구매한 제품이나 서비스가 사전에 가지고 있는 평가와 일치했는가의 여부로(Engel and Blackwell, 1982), 소비경험이 최소한 기대되었던 것보다는 좋았다는 평가로(Hunt, 1977), 그리고 사전적 기대와 소비 후 지각된 제품성과 사이의 차이에 대해 보이는 소비자의 반응(Tse and Wilton, 1988) 등으로 다양하게 정의되고 있다.

한국에서 고객만족에 관한 연구는 서비스 품질과 제품구매과 관련하여 1990년대부터 지금까지 매우 활발하게 진행되고 있다.

서비스 품질 차원에서, 이유재·이준엽(2001)은 서비스 품질 지각은 서비스 종사자에 대한 평가이며, 고객만족은 보다 더 확대된 개념으로 최종 결과와 과정을 포함하는 감정적 및 인지적 평가라고 하였다.

또한 이유재·라선아(2003)는 은행에서 서비스 품질의 각 차원이 고객만족에 미치는 상대적인 영향력에 관하여 연구를 진행하였는데, 이러한 영향력이 기존 고객과 잠재고객 간에 어떠한 차이가 있는지에 관해서도 함께 조사하였다. 연구 결과 기업은 기존고객들을 만족시키기 위하여 이들이 자장 중요하는 차원인 상호작용 품질의 개선에 주목해야 할 필요가 있는 것으로 나타났다. 더불어, 기존 고객 중 서비스 경험이 많은 고객이 그렇지 않은 고객보다 더욱 자발적으로 서비스 조직에 대해 우호적인 구전행동과 추천행동을 하는 것으로 나타났다.

제품구매 차원에서, 남수정·유현정(2007)은 웰빙식품에 대한 만족도를 기대불일치이론(expectation disconfirmation paradigm)으로 설명하면서 인지적 평가와 정서적 평가를 통합하였는데, 이들이 정의한 만족이란 상품 구매의 경험 결과가 가져온 긍정적 성과에 추가하여 소비자의 정서적 충족감까지 포함한 소비자의 종합적 평가를 말한다(전상민, 2013).

김화동(2005)은 소비자의 만족이 타인으로의 구전에 직접적인 영향을 미치고 있음을 알 수 있다고 하였으며, 자신의 연구에서 인터넷 쇼핑을 통한 제품구매에 전반적으로 만족하는 정도를 전반적 만족도로 정의하였다.

또한 김은영·김서희(2008)는 의복처럼 구매 시 실제 착용이 중요한 제품의 경우, 온·오프라인의 상호 교환적 정보 탐색과정이 소비자의 만족과 구매의도를 높인다고 하였다. 그리고 박진우·송인암·김규배(2018)는 만족을 개별 만족 경험이 누적된 전반적인 평가로 정의하였다.

이상과 같이 고객만족에 관한 초기 연구자들은 대체로 고객만족을 정서적 반응 또는 인지적 상태라는 단일 차원으로 정의하고 있다. 그러나 후속 연구에 이르러서는 정서적 반응과 인지적 반응이 결합된 다차원의 개념으로 이해되는 추세이다. 이렇듯 선행연구들을 종합해 판단해보면 고객만족이란 한마디로 정의하기가 어려우며, 이 책에서는 고객만족을 구매한 제품과 구매한 일에 대한 누적된 전반적인 평가로 정의하여 살펴보고자 한다.

2.3.2. 체면민감성과 만족에 관한 선행연구

한국사회에서 체면민감성은 소비패턴과 밀접한 관련되어 있어, 초기 체면민감성과 부정적인 소비성향의 관계에만 초점을 맞추고 있는데, 최근 체면민감성과 긍정적 소비성향 그리고 구매 후 만족하다는 경험적 연구들이 발표되고 있다.

박상수·우양일(2012)은 중국 대도시 소비자들의 체면민감성이 문화예술상품의 추구혜택과 만족도에 어떠한 영향을 미치는지를 살펴보았으며, 체면민감성은 만족도에 유의한 영향을 미치는 것으로 나타났다. 그리고 추구혜택과 만족도 사이에서 체면민감성의 조절효과를 검증한 결과, 체면에 민감한 소비자일수록 개인유익지향과 쾌락구매지향이 만족도에 미치는 영향이 약해지는 것으로 발견하였다. 즉, 문화예술상품에 대한 개인유익지향과 쾌락구매지향은 소비자의 체면민감성이 약할수록 더 큰 만족을 느낀다는 것을 암시한다.

최진·이지환·정아람·김태형(2018)은 야구용품 소비자의 체면민감성이 구매만족에 어떠한 영향을 미치는지 분석한 결과 체면민감성 하위요인 중 타인의식성만이 구매만족에 유의한 영향을 미치는 것으로 나타났다. 즉, 야구용품소비자의 타인의식성이 높을수록 구매한 제품에 대한 만족도가 높다는 것을 알 수 있다.

또한 이홍미·김태형·이지환(2019)은 중국 골프용품 소비자들의 체면민감성과 스포츠 용품 소비행동 간의 연관성을 기반으로, 중국 골프용품 소비자의 체면민감성이 구매만족과 브랜드 태도에 미치는 영향력을 파악하였다. 연구결과, 중국 골프용품 소비자의 체면민감성 변인 중 창피의식성, 형식의식성, 타인의식성의 순으로 구매만족에 영향을 미치는 것으로 나타났다. 김형석·이승환(2011)의 연구에서도 체면민감성의 하위요인 모두 골프용품 만족도에 영향을 미친다는 것으로 나타났다.

이상의 연구들을 토대로 체면민감성과 만족의 관계를 실증적으로 확인할 수는 있었지만, 연구 소재는 대체로 골프산업, 문화예술산업, 야구용품산업 등 일부산업에 국한하여 연구가 진행되어 결과의 일반화에는 다소 한계가 있다고 본다. 뿐만 아니라 대부분 연구들이 구매만족 차원에 집중하여 전반적인 만족에 대해 연구가 필요할 것으로 보인다.

2.3.3. 체면민감성, 충동구매성향 및 만족에 관한 선행연구

기대불일치 이론은 고객의 기대와 이러한 기대에 대한 불일치가 고객만족에 미치는 영향을 규명하고자 하는 이론으로, 고객만족이 예측되는 성과에 대한 구매 전 신념인 기대(expectation)와 제품성과가 기대와 일치하는 정도에 대한 구매 후 신념인 불일치(disconfirmation)의 긍정적인 함수관계를 결과로 제시하는 이론이다. Oliver(1980)의 기대불일치이론은 소비자가 소비 전에 대상 제품이나 서비스에 대한 기대를 가지게 되며, 다음으로 실제 소비를 통해 형성된 인지된 성과는 소비 전 기대와 비교된다고 하면서 소비자의 만족 정도는 기대와 성과 사이의 차이와 기대에 의해서 형성되며 재구매의도에 영향을 미친다고 하였다.

  기대불일치 변인에 관한 많은 연구들은 측정방법과 독립변인으로서 만족에 직접효과를 미치는지에 대해서 이루어졌다. 고객만족 연구 중에서 독립변인으로서 기대불일치를 측정한 연구들은 제품이나 서비스의 사전과 사후평가 간의 불일치가 객관적으로 연구되고 있다. 소비자는 충동적이든 계획적이든 제품이나 서비스를 선택하고 소비하는 과정에서 자신의 사전 예측 및 비예측한 기대치와 사후 결과인 지각 간의 평가를 통해 만족 혹은 불만족을 경험한다고 볼 수 있다.

  특히 타인을 의식하는 성향인 체면은 제품의 소비 활동에도 영향을 미치는 것으로 나타났고, 사회적 정체성과 체면을 유지하기 위해 충동구매를 유발할 확률이 매우 높게 나타났다. 즉, 일반 소비자보다 체면에 민감한 소비자일수록 충동구매성향이 높아지고, 구매 후 일반 소비자보다 더 높은 만족감을 느낄 수 있다. 왜냐하면 체면에 민감한 소비자들은 제품의 구매과정에서 얻어지는 구매 욕구를 완성시킬 뿐 아니라 구매과정에서 타인의 인정과 긍정적인 평가를 받을 수 있기 때문이다. 다시 말해, 체면에 민감한 소비자일수록 충동구매로 인하여 예측하지 못 한 기대치가 발생하여 만족에 영향을 미친다는 것이다. 즉, 충동구매 성향은 체면민감성과 만족의 관계에서 매개효과를 발생할 것으로 예상할 수 있다.

그러나 체면민감성과 만족의 관계에서 충동구매성향의 매개효과와 관련한 선행연구는 거의 발견하기는 어렵다. 김민철(2009)의 연구에 의하면 판매서비스 및 촉진광고와 구매결정 과정에서 충동구매의 직접 혹은 간접효과가 동시에 나타난다는 연구도 있었지만, 충동구매의 매개효과를 분석한 연구는 부족한 실정이다.

따라서 이 책에서는 체면민감성과 만족의 관계에서 충동구매성향이 매개효과로 작용하는지에 관해 탐색하고자 한다.

2.4. 제품관여도

2.4.1. 제품관여도의 개념

관여도(involvement)는 Sherif and Cantril(1947)의 연구를 통해 처음 제시된 이후 태도 변용에 관한 연구에서 중요한 변인으로 이용되고 있다. 관여도란 "특정상황에 있어 자극에 유발되어 지각된 개인적인 중요성이나 혹은 관심도의 수준"이라고 정의를 내릴 수 있다. 대표적인 광고 마케팅 이론인 '정교화 가능성모델(ELM: Elaboration Likelihood Model)'에 따르면 태도형성과정은 정보 처리자가 정보를 처리하려는

노력 정도에 따라 달라질 수 있으며, 이러한 노력이나 욕구가 강할
수록 태도형성은 중심경로를 통하여 이루어지게 되고, 반대로 노력
이나 욕구가 약하면 태도형성은 주변경로를 통하여 이루어진다고
설명하고 있다. 마케팅 뿐 아니라 관련 분야에서 가장 활발하고 꾸
준하게 연구가 이루어지고 있는 모델 중 하나라고 할 수 있다.

Zaichkowsky(1985)는 관여도를 제품이나 서비스 구매결정이 소비자
들에게 개인적으로 연관되어 있는 정도라고 하면서, 개인의 내재적
욕구, 가치관, 관심 등을 기초로 한 개인과 대상 간에 지각적으로
연관되어 있는 심리적 요인이라고 보았다. 아울러 관여도의 세 가
지 선행변수로 개인적 요소, 대상(제품)요소, 상황요소 등을 제시하
였다.

Bloch(1982)는 관여도의 대상을 제품에 한정한 후 좀 더 포괄적인
의미를 가미하여 상황적 영향에 독립적이고, 제품이 개인의 가치와
욕구에 관련된 정도에 따라 결정되는 제품에 대한 장기적인 관심과
흥미라고 정의하였으며, 이를 바탕으로 관여도를 상황적 관여도와
지속적 관여도로 나누었다. 상황적 관여도는 구매가 예상되는 상황
에서 특별한 외생적 목적을 달성하려는 욕구에 근거하여 소비자가
제품에 대해서 갖는 일시적인 관심이라고 정의하였으며, 지속적 관
여도는 어떤 제품에 대한 소비자의 비교적 장기적인 중요성이나 관
심도의 수준이라고 하였다.

또한 Petty and Cacioppo(1986)는 관여도를 ELM모델을 이용하여 어
떤 대상, 이유, 상황 등에 대하여 일어나는 개인적인 관련성 혹은
개인이 가진 중요도와 문제해결을 위한 노력의 정도로 정의하였으

며, 관여의 정도에 따라 고관여(high involvement)와 저관여(low involvement)
로 구분하여 개인적 관련 수준에 따라 메시지에 대한 태도가 다르
게 나타난다고 하였다. 즉, 개인적 관련이 높은 제품에 대해서는 높
은 관여도가 형성되어 메시지 정보처리에 있어서 메시지에 대해 열
심히 생각하고 제품에 대한 속성이나 장단점 등을 파악하기 위한
노력을 통해 태도를 형성하게 된다. 반면에 관심이 없거나 혹은 중
요하지 않다고 생각되거나 개인적 관련이 낮은 제품에 대해서는 낮
은 관여도가 형성되어 메시지 정보처리에 있어서 실제 메시지의 내
용과는 관련성이 없는 광고모델 등과 같은 주변적 단서를 통하여
태도를 형성하게 된다는 것이다.

그 대상이 무엇이냐에 따라 학자들은 제품관여도의 개념을 다양
하게 설명하고 있다. Zaichkowsky(1985)는 제품관여도를 특정 제품에
대한 개인의 중요성, 지각정도 및 관심의 정도이거나 주어진 상황
에서 특정 제품에 대한 개인의 관련성 지각정도라고 정의하였다.
조사대상 제품의 중요성 차원으로 관여도를 측정하는 PII(personal
involvement inventory)에 따르면 저관여 집단의 경우 제품에 대한 정보
탐색 활동이 고관여 집단에 비해 적고, 제품 속성들을 신중히 비교
하지 않으며, 제품 간 유사성에 대한 지각 정도가 높고, 특정 제품
에 대한 선호가 없다는 것이다.

이와 같이 제품관여도의 개념은 특정 제품에 대한 개인의 중요성,
지각정도 및 관심의 정도이거나 주어진 상황에서 특정 제품에 대한
개인의 관련성 지각정도 등으로 정의되어 이용되고 있다(김화동, 2005;
이학식, 1991; Antil, 1984; Zaichkowsky, 1985). 소비자가 어떤 제품에 대

하여 고관여 수준을 보이는 것은 제품에 대해 일어나는 관심, 각성, 감정적 집착의 정도가 높은 내면의 상태를 말한다. 즉, 고관여 수준에서는 제품에 대한 정보탐색과 대안평가에 적극적이고 신중함을 보이는 반면, 저관여 수준에서는 정보탐색과 대안평가에 소극적이고 수동적이다. 즉, 관여도는 개인에 따라 다를 수 있으며 동일한 제품에 대해서도 개인마다 관여도가 다르다는 것이다.

김화동(2010)은 특정제품에 대한 지각된 개인적 관련성은 개인의 욕구, 가치, 목표 등과 개인이 가지고 있는 제품에 관한 지식 사이의 결합으로, 이러한 개인적 관련성에 대한 느낌은 자극과 관련된 정보를 획득하고 처리하는데 필요한 정보탐색동기라고 설명하며 이를 주관적 관여도라고 하였다. 주관적 관여도가 낮은 소비자들은 특별한 인지적 노력을 기울이지 않고 주어진 제품정보를 피상적으로 처리하는 반면, 주관적 관여도가 높은 소비자들은 제품정보의 이해나 정교화 및 평가에 있어서 매우 높은 인지적 노력을 기울이게 된다는 것이다.

제품관여도는 다양하게 정의되고 있는데, 이를 종합해 보면 주어진 상황에서 특정 상품에 대한 개인의 중요성 지각정도 또는 관심도이거나 개인의 관련성 지각정도라고 정의할 수 있다. 선행연구에 근거하여, 이 책에서 다루고자 하는 제품관여도란 특정 제품에 대한 개인적 중요성이나 관련성의 수준으로 정의하기로 한다.

2.4.2. 제품관여도에 관한 선행연구

이상의 논의를 통해 알 수 있듯이 제품관여도는 소비자들의 개인적 특성과 상황에 따라 차이는 있으나 특정 제품에 대한 소비자의 정보처리과정, 의사결정과정, 태도형성과정 등에 영향을 주어 제품선택의 구매행동에 영향을 미치는 변수로 작용하고 있다. 즉, 제품관여도에 따라서 소비자의 정보처리과정, 태도형성과정 등에 차이가 나타나면서 최종 제품 구매를 결정하는 데 영향을 미친다는 것이다.

제품관여도와 구매결정에 관한 연구를 살펴보면, Jones et al.(2003)는 제품관여도를 선행변수로 하여 의류와 음악이라는 특정제품의 충동구매에 미치는 영향을 연구한 결과, 제품군별 관여도가 특정제품의 충동구매에 영향을 미치는 중요한 변수로 밝혀졌으며, 이상빈·안우식(1990)은 구매 관여가 높은 사람들은 구매 관여가 낮은 사람들에 비해 쇼핑자체를 선호하고 충동적 구매경향이 있다고 하였다. 또한, 김종옥·박상철·이원준(2005)은 인터넷 쇼핑몰 이용자의 구매의도 결정요인으로 제품다양성, 정보제공성, 유희성, 신뢰성 등을 제시하였는데, 이들 주요 속성변수들과 구매의도간의 관계에서 제품관여도가 구매의도에 영향력을 미치고 있다는 것을 검증하였다.

또한 제품관여도와 제품평가 및 사용 후 평가에 관한 연구도 발견할 수 있다. 최명규(1994)는 소비자 제품평가에서 외재적 단서의 하나인 제조국 정보효과에 관한 연구에서, 제품관여도가 높을수록 제품평가에 있어서 외재적 단서인 제조국 정보의 중요성이 약화된다는 것을 발견하였다.

김화동(2010)은 제품관여도와 위험지각정도의 제품 특성별 구매상황을 각각 설정한 실험을 통해 인터넷 쇼핑을 통한 제품구매가 이루어질 때 제품 관여도와 위험 지각정도가 사용후기의 수용도에 미치는 영향과, 이들 두 변인에 따른 제품 특성별 사용후기의 긍정적 내용과 부정적 내용 중 어떤 형태의 사용후기가 더 수용되는지를 실증적으로 분석하였다.

제품관여도와 관련한 연구는 이 변수의 주효과, 조절효과 그리고 매개효과까지 다양하게 연구 되고 있다. 김성훈(2003)은 제품에 대한 관여도의 주효과를 검증한 바 있다. 그는 제품지식 수준과 같은 관점에서 제품에 대한 관여도가 높은 소비자들은 온라인 구전정보를 더 탐색하고, 온라인 구전정보가 구매결정에 미치는 영향이 더 높은 것을 확인했다. 그리고 Kassarjian(1981)의 연구에서 소비자의 성격과 구매 관여도는 상관관계가 있으며, 구매 관여도는 소비자 성격이 소비자 행동에 미치는 영향에서 매개역할을 한다고 하였다

더 나아가 제품관여도는 소비자의 태도 형성과정이나 구매의사결정에서 주로 조절적 역할을 하고, 구매욕구의 강도를 설명하는데 유용한 변수로 고려되고 있다(김종옥·박상철·이원준, 2005). 곽기영·지소영(2008)의 연구에서도 제품관여도의 조절효과를 통해 온라인 소비자의 인터넷 구매결정과정을 설명하고 있다. 구체적으로 인터넷 쇼핑몰에서 제공하는 제품의 가격수준이 낮을수록 제품을 구매하고자 하는 의도가 높아지는데, 이 경우 제품의 관여도(고관여/저관여)와 관여유형(실용적/감각적 제품)에 따라 그 영향강도가 다르게 나타

난다는 것이다. 특히 저관여 제품이면서 실용적 제품일 경우, 인지된 가격 수준과 구매의도간의 관계강도는 고과여/감각적 제품에서의 영향력보다 크게 나타난다는 것이 확인되었다.

같은 맥락에서 유창조·안광호·반선이(2009)는 제품관여도를 조절변수로 설정하고 그 효과를 검증한 바 있다. 이들의 연구에 따르면 제품관여도가 높은 소비자들은 구전정보를 더 많이 탐색하고, 탐색된 구전정보를 더 신뢰할 가능성이 높으며, 그에 따라 탐색되는 구전정보에 더 큰 영향을 받게 되는 것으로 나타났다.

이상의 연구결과들을 통해 확인할 수 있는 것은 구매환경이나 구매상황에서 관여도의 수준에 따라 소비자들의 태도 및 행동변화는 구매과정 뿐만 아니라 구매 후 평가에서도 유사하게 발생한다는 점이다. 따라서 이 책에서도 제품관여도의 조절효과 차원에서 소비자의 구매 후 평가에 관해 탐색하고자 한다.

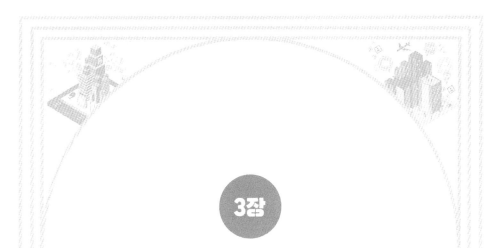

3장

체면소비 연구의 설계 및
설문지구성

체면소비 연구의 설계 및 설문지구성

본 장에서는 앞에서 살펴본 선행연구들을 토대로 연구 모형을 제시하고자 한다. 또한 연구모형을 구성하고 있는 변수들 간의 관계를 알아보기 위해 이론적 배경을 제시하고 연구가설을 설정하고자 한다. 그리고 설정된 가설을 측정하기 위한 변수들의 조작적 정의, 그리고 이를 토대로 관련 변수들의 측정도구인 설문지의 구성에 관해 제시하고자 한다.

3.1. 체면소비 연구의 모형 설계

이 책에서는 선행연구들을 바탕으로 소비자의 체면민감성과 충동구매성향을 각각 세분화하고, 체면민감성이 충동구매성향 및 만족에 미치는 영향과 충동구매성향이 만족에 미치는 영향을 알아보자고 한다. 또한, 충동구매성향은 체면민감성과 만족의 관계에서 매개변수로 작용하는지, 그리고 제품관여도가 체면민감성과 만족의 관계에서 조절변수로 작용하는가에 관해 탐색하고자 한다. 이를 바탕으로 구성한 연구모형은 <그림 1>과 같다.

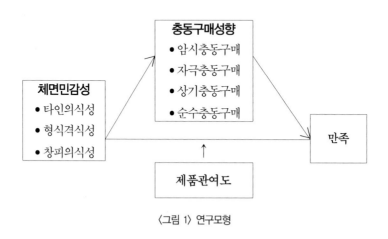

<그림 1> 연구모형

3.2. 체면소비 연구의 문제 설정

3.2.1. 체면민감성과 충동구매성향의 영향관계

그동안 체면민감성과 충동구매성향에 관한 대부분의 연구는 부정적인 변인과 관련되어 진행되어왔다. 체면과 비계획 구매행동에 관한 연구들(김재휘·김태훈·전진안, 2008; 서용한·오희선·전민지, 2011; 최상진·유승엽, 1992)을 토대로 소비분야에서 체면민감성과 충동구매성향의 관계에 관한 연구가 활발하게 진행되고 있다(김세희, 2011; 이명현·이형룡, 2013; 양문희, 2016; 양성목·김형길, 2019).

그러나 체면민감성이나 충동구매성향 둘 중 하나만 세분화 하여 각 하위요인들과의 관계를 연구한 논문은 발견할 수 있는데, 두 변수를 같이 세분화하여 서로 구체적으로 어떻게 영향을 미치는지에 관한 논문은 부족한 실증이다.

따라서 이 책에서는 체면민감성의 하위요인들이 소비자의 충동구매성향의 하위요인들에 어떠한 구체적인 영향을 미치는지를 살펴보고자 한다. 이에 관한 연구문제는 다음과 같이 설정하였다.

<연구문제1>

체면민감성의 하위요인들은 충동구매성향의 하위요인들에 영향을 미치는가?

3.2.2. 충동구매성향과 만족의 영향관계

과거 충동구매의 개념, 즉 충동성에 의한 즉각적인 구매행동은 충동구매에 대한 현시점의 소비자들의 지각 및 인식과 차이가 있을 수 있다. 구매환경의 급속한 변화와 소비자들이 지각하는 합리적 구매의 판단 기준은 과거 충동구매에 대한 부정적인 차원의 다양화를 필요로 한다. 소비자들은 더 이상 충동에 의한 구매를 비합리적인 것으로만 생각하지 않으며, 쇼핑의 합리성을 이성적 사고에 의한 구매 혹은 계획적 구매로 결정하지 않았다.

최근에는 충동구매의 긍정적인 효과가 있다는 연구결과가 지속적으로 보고되고 있다(박은주·강은미, 2016; 박진우·송인암·김규배, 2018; 서문식·천명환·안진우, 2009; 양성묵·김형길, 2019; 오희선, 2016; 이수지·

김인숙, 2011; 임동섭 · 최동오 · 윤철호, 2018; Gardner and Rook, 1988; Hausman, 2000; Herabadi et al., 2009; Holbrook and Gardner, 2000; Weinberg and Gottwald, 1982). 이러한 연구결과들에 의하면 충동구매는 과거처럼 부정적인 감정인 후회로 연결되지 않고, 소비자들에게 만족을 주는 구매행동으로 인식되고 있는 것으로 판단된다. 즉, 충동구매는 외적 자극이나 내적 자극요인으로 인하여 발생하며, 이러한 충동구매 역시 인지적, 정서적 차원에서의 만족도를 유발한다고 볼 수 있다.

이상의 이론적 근거를 바탕으로 이 책에서는 충동구매의 긍정적인 차원에 집중하여 소비자들이 충동구매 후 만족을 느끼는지 재검증하고, 충동구매성향을 세분화하여 충동구매성향과 만족과의 영향관계를 파악하고자 다음과 같이 연구문제를 설정하였다.

<연구문제2>
충동구매성향의 하위요인들은 만족에 영향을 미치는가?

3.2.3. 체면민감성과 만족의 영향관계

체면민감성과 만족의 관계에 관한 연구를 살펴보면, 박상수 · 우양일(2012)은 중국 소비자들의 체면민감성을 단일차원으로 분석하여 체면민감성이 만족도에 유의한 영향을 미치는 것을 확인하였으며, 최진 · 이지환 · 정아람 · 김태형(2018)은 야구용품 소비자의 체면민감성이 구매만족에 어떠한 영향을 미치는지 분석한 결과 체면민감성 하위요인 중 타인의식성만이 구매만족에 유의한 영향을 미치는

것으로 나타났다. 그리고 이홍미·김태형·이지환(2019)과 김형석·
이승환(2011)의 연구에서는 체면민감성의 하위요인들이 모두 골프용
품 만족도에 영향을 미치는 것으로 나타났다. 체면민감성과 만족의
관계가 충분히 실증적으로 확인될 수 있지만, 지금까지의 연구소재
가 골프산업, 문화예술산업, 야구용품산업 등의 특정 분야에 국한하
여 그 관계를 일반화하는 데는 다소 한계가 있다. 아울러 대부분의
연구들이 구매만족의 차원에 집중하여 전반적인 만족에 관한 연구
가 부족한 실정이다.

따라서 이 책에서는 체면민감성을 세분화하여 구매과정에서 소
비자의 전반적인 만족에 어떠한 영향을 미치는지 다차원적으로 살
펴보고자 한다. 설정된 연구문제는 다음과 같다.

<연구문제3>
체면민감성의 하위요인들은 만족에 영향을 미치는가?

3.2.4. 체면민감성, 만족 및 충동구매성향의 영향관계

기대불일치 이론을 따르면, 소비자는 충동적이든 계획적이든 간
에 제품이나 서비스를 선택하고 소비하는 과정에서 자신의 사전 예
측 및 비예측한 기대치와 사후 결과인 지각 간의 평가를 통해 만족
혹은 불만족을 경험한다고 볼 수 있다. 특히 타인을 의식하는 성향
인 체면은 제품의 소비 활동에도 영향을 미치는 것으로 나타났고,
사회적 정체성과 체면을 유지하기 위해 충동구매를 유발할 확률이

매우 높게 나타났다. 즉, 일반 소비자보다 체면에 민감한 소비자일수록 충동구매성향이 높아지고, 구매 후 일반 소비자보다 더 높은 만족감을 느낄 수 있다는 것이다. 왜냐하면 체면에 민감한 소비자들은 제품의 구매과정에서 얻어지는 구매욕구를 완성시킬 뿐 아니라 구매과정에서 타인의 인정과 긍정적인 평가를 받을 수 있기 때문이다. 다시 말해, 체면에 민감한 소비자일수록 충동구매로 인하여 예측하지 못 한 기대치가 발생하여 만족에 영향을 미친다는 것이다. 즉, 충동구매 성향은 체면민감성과 만족과의 관계에서 매개효과가 발생할 가능성을 예상할 수 있다.

그러나 체면민감성과 만족의 관계에서 충동구매성향의 매개효과와 관련된 선행연구는 발견하기는 어렵다. 김민철(2009)의 연구에 의하면 판매서비스 및 촉진광고와 구매결정의 과정에서 충동구매의 직접 혹은 간접효과가 동시에 나타난다는 연구도 있었지만, 충동구매의 매개효과를 분석한 연구는 다소 부족한 실정이다. 따라서 이 책에서는 체면민감성과 만족의 관계에서 충동구매성향이 매개효과로 작용하는지 탐색하고자 다음과 같이 연구문제를 수립하였다.

　　<연구문제4>
　　체면민감성이 만족에 미치는 영향에서 충동구매성향은 매개변수로 작용하는가?

3.2.5. 체면민감성, 만족 및 제품관여도의 영향관계

보편적으로 관여도가 높은 제품군은 가격이 높고, 속성이나 사양이 복잡하여 소비자가 구매의사결정을 잘못 내렸을 경우에 지각되는 위험성이 크다. 소비자는 대체로 고관여 제품에 대한 높은 관련성을 가지고 있고 구매상황에 따라 제품에 대한 태도를 형성하는 경향이 있다(Petty and Cacioppo, 1986). 즉, 체면민감성을 가진 소비자들은 고관여 제품을 구매한 후 만족을 느낄 가능성이 높다고 볼 수 있다. 반면에 저관여 제품군은 소비자와 관련성이 적거나 관심을 적게 가지고 있으므로 제품군 자체가 소비자의 자아이미지를 반영하지 않는다. 따라서 체면을 중시하는 소비자들에게 저관여 제품군은 욕구충족을 못 하기 때문에 구매나 구매 후 만족까지 달성하기 어렵다고 예측된다.

정교화가능성모델에 따르면, 제품관여도에 따라 제품에 대한 태도형성을 위한 소비자의 정보처리가 중심경로(제품의 성능, 장점 등) 혹은 주변경로(광고 모델, 배경음악 등)로 나뉘어 진행된다고 설명한다 (Petty and Cacioppo, 1986). 고관여 제품군은 소비자가 주로 중심경로를 통해 정보처리를 하는데 이때 소비자의 정보탐색활동은 능동적이고 활발하며 자신의 생각과 일치하지 않는 정도에 저항을 강하게 보이며 인식, 관심, 평가, 긍정적인 태도 형성, 행동 등과 같은 각각의 정보처리단계를 철저히 준수한다. 즉, 중심경로를 통해 태도형성이 이루어질 때는 소비자가 제품의 정보를 주의 깊게 관찰하고 생각하는 등 많은 인지적 노력이 투입된다. 그 결과 형성된 태도는 비교적 장기간 지속되며, 부정적 정보에 노출되더라도 이에 저항적이다. 이러한 관점에 따르면 소비자가 고관여 제품을 구매한 상황에서 노출되는 제품 정보를 중심경로로 처리하여 자기 체면을 지킬수 있는 제품에만 집중하고, 구매행동으로 이어질 가능성이 높으며, 구매 후 만족을 느낄 수 있는 확률이 높다고 판단된다.

반면에 저관여 제품군은 소비자가 주로 주변경로를 통해 정보처리를 하는데 이때 소비자는 제한적으로 제품 및 브랜드에 대해 정보를 탐색하고 자신의 생각과 다른 정보를 수동적으로 수용하는 경향을 보이며 고관여 제품군에 비해 정보처리 과정이 철저히 준수되지 않고 빠르게 진행된다(Kardes, Posavac and Cronley, 2004). 즉, 주변경로를 통해 형성된 태도는 제품과 관련된 정보를 세밀히 분석하는 등의 인지적 노력보다는 구매환경에 많은 영향을 받는다. 이때의 태도는 이러한 정보단서가 기억 속에서 명료한 동안만 일시적일 가능성이 높으며, 태도가 비교적 쉽게 변할 수 있고, 구매행동으로 이어질 가능성이 낮다. 따라서 구매 후 만족을 느낄 수 있는 정도가 낮다고 판단이 된다.

이 책에서는 제품관여도의 조절효과를 다시 검증하고자 한다. 이를 다시 검증하는 이유는 선행연구의 경우 제품의 관여도를 주효과로 설정한 경우도 있고(김성훈, 2003), 이를 조절변수로 설정하여 분석한 경우도 있기 때문이다. 선행연구를 토대로 체면민감성과 만족의 관계에서 제품관여도가 조절변수로 작용하는가에 대한 검증하고자 다음과 같은 연구 문제를 설정하였다.

<연구문제5>

체면민감성이 만족에 미치는 영향에서 제품관여도는 조절변수로 작용하는가?

3.3 체면소비 연구의 설문지구성 및 조작적정의

본 절에서는 앞에서 제시한 연구가설 및 연구문제를 검증하기 위한 연구의 설계를 다룰 것이다. 먼저 사전조사를 통해 실험제품(휴대폰/시계)을 선정하여 변수에 대한 조작적 정의를 내리고 설문지 구성을 살펴보고자 한다.

3.3.1. 사전조사

제품관여도의 조절효과를 알아보기 위해 제품군을 고관여 또는 저관여 군으로 분류하기로 하였다. 일반적으로 관여도는 서로 다른 제품으로 조작하는 방법(성영신·박진영·박은아, 2002; 이태민·박철, 2006; 유창조·안광호·방선이, 2009)과 같은 제품에 대해 관여수준을 조작하는 방법(김성훈, 2003)이 있는데(유창조·안광호·박성휘, 2011), 이 책에서는 제품관여도가 높고 낮은 제품을 선정하는 방법을 사용하기로 하였다. 이것은 이 책가 제품관여도 외에 충동구매성향을 매개변수로 설정하고 있기 때문이다. 아울러 하나의 제품군만을 대상으로 할 경우 제품군에 따른 소비자의 특성을 파악할 수 없을 것으로 예상되었기 때문에 여러 제품을 대상으로 조사를 실시해야 했으나, 결과해석이 용이하면서도 제품특성에 따른 효과를 시사해 줄 수 있도록 두 개의 제품군을 사용하게 되었다(김성훈, 2003).

제품 선정을 위해 2단계의 예비조사(pretest)를 거쳤다. 먼저, 광고 홍보 전공 대학원생과 교수님들 12명을 대상으로 심층면접을 하였다. 참가들에게 각각 선행연구에서 사용된 제품군으로 노트북, 시계, 가방, 생수, 치약, 휴대폰 등의 제품들을 제시하였으며, 득점 순으로 고관여 제품 5개와 저관여 제품 5개 총 10가지 제품이 선정되었다. 그리고 대학(원)생들 30명을 대상으로 선정된 10가지 제품에 대한 사전조사를 실시하였다.

관여도에 관한 문항은 Zaichkowsky(1985)의 연구에서 사용된 측정 척도를 토대로 재구성하였으며, 5점 Likert척도로 측정하였다: (1) 아래 제품은 귀하에게 중요하다고 생각하십니까? (2) 아래 제품은 귀하와 관련이 있다고 생각하십니까? 이들 항목들은 5점 Likert척도(1-전혀 그렇지 않다, 5-매우 그렇다)로 측정하였다. 제품관여도의 평균값 분석 결과는 휴대폰(M=4.75, SD=0.504)이 가장 높게 나타났으며, 시계(M=3.20, SD=1.103)가 가장 낮게 나타났습니다. 따라서 휴대폰이 고관여 제품, 시계가 저관여 제품으로 각각 선정되었다. 또한 브랜드에 대한 소비자들의 기존 태도를 통제하기 위하여 실험광고를 제작하지 않고 무 브랜드를 사용하였다. 구체적인 사전조사 결과는 <표 1>과 같다.

〈표 1〉 사전조사 결과

	N	M	Stat.
휴대폰	30	4.75	.504
볼펜	30	4.17	.735
노트북	30	4.13	1.008
치약	30	4.13	.928
가방	30	4.10	.904
양말	30	4.05	.747
생수	30	3.95	.959
청바지	30	3.57	.926
USB	30	3.55	.824
시계	30	3.20	1.103

3.3.2. 설문지구성

이 책에서 제시한 연구가설과 연구문제를 규명하기 위한 측정도
구는 구매경험 여부, 제품관여도, 체면민감성, 충동구매성향, 만족,
응답자의 인구통계적 특성을 측정하는 항목들을 사용하였다. 선행
연구를 바탕으로 총 41개의 설문문항을 구성하였다. 구체적으로 제
품관여도 4개 문항, 체면민감성 12개 문항, 충동구매성향 15개 문항,
만족 5개 문항 등 총 36개의 문항으로 측정하였다. 항목별 척도 유
형은 Likert 5점 척도(1-전혀 그렇지 않다, 5-매우 그렇다)를 사용하여 응
답자가 본인이 느끼고 생각한대로 편하게 응답할 수 있도록 하였다.
그리고 휴대폰이나 시계 구매경험 여부 1개 문항, 인구통계학적 특
성(성별, 연령, 학력, 월 평균 용돈) 4개 문항 등으로 측정하였다. 구체적
인 설문지 구성은 <표 2>와 같다.

〈표 2〉 설문지구성과 측정척도

구별	측정내용(항목 수)		척도유형
1	구매경험 여부(1개)		명목척도
2	제품관여도(4개)		Likert 5점 척도
3	체면민감성(12)	타인의식성(4개)	Likert 5점 척도
4		형식격식성(4개)	Likert 5점 척도
5		창피의식성(4개)	Likert 5점 척도
6	충동구매성향(15)	암시충동구매성향(4개)	Likert 5점 척도
7		자극충동구매성향(3개)	Likert 5점 척도
8		상기충동구매성향(4개)	Likert 5점 척도
9		순수충동구매성향(4개)	Likert 5점 척도
10	만족(5개)		Likert 5점 척도
11	인구통계적 특성(4개) (성별, 연령, 학력, 월 평균 용돈)		명목/서열척도

3.3.3. 조작적정의

선행연구를 바탕으로 이 책을 진행하기 위해 사용한 각 연구변수들에 대한 조작적 정의 및 측정 항목은 다음과 같다.

1) 제품관여도(product involvement)

제품관여도는 주어진 상황에서 특정 상품에 대한 개인의 중요성 지각정도 또는 관심도이거나 개인의 관련성 지각정도라고 정의된다(김성훈, 2003; 유창조·안광호·박성회, 2011; Zaichkowsky, 1985). 따라서 이 책은 제품관여도에 관한 조작적 정의를 특정 제품에 대한 개인적 중요성이나 관련성의 수준으로 하였다.

이 책에서는 제품관여도에 관한 문항들이 대표적으로 많이 사용된 Zaichkowsky(1985)의 PII(personal involvement inventory)척도를 사용하였다. 사용된 측정척도를 토대로 재구성하였으며, Likert 5점 척도(1-전혀 그렇지 않다, 5-매우 그렇다)로 측정하였다. 구체적으로 문항을 살펴보면 1) 휴대폰/시계는 나에게 중요하다; 2) 휴대폰/시계는 나에게 유용하다; 3) 휴대폰/시계는 나에게 필요하다; 4) 휴대폰/시계는 나와 관련이 크다.

2) 체면민감성(social face sensitivity)

체면민감성은 사회적 계층이나 신분에 따라서 체면을 지키려는 정도(최상진, 2004; 최상진·유승엽, 1992), 타인의 승인 및 인정, 사회불안에 대한 민감한 반응(정명선·김혜진, 2009), 타인의 시선을 의식하는 정도(박상룡·김선아, 2007), 체면을 의식하는 단계와 체면손상이 나타나는 감정적 반응의 정도(유민봉·심형인·홍혜숙, 2011) 등으로 정의된다. 또한 박상룡·김선아(2007), 그리고 이명현·이형룡(2013) 등의 연구에서는 체면민감성을 창피의식성, 형식격식성, 타인의식성 등으로 분류하였다.

선행연구를 바탕으로 이 책은 체면민감성에 관한 조작적 정의를 대인관계에서 자신의 행동에 대한 타인의 시선 및 인정을 의식하는 정도이자 이로 인한 불안 등에 대해 민감하게 반응하는 특성으로 하였다. 그리고 체면민감성의 하위요인은 타인의식성, 형식격식성, 창피의식성으로 3가지 구성하였는데, 타인의식성은 타인의 시선, 평가, 생각 등에 대해 민감한 정도로, 형식격식성은 격식과 교양 있게 행동하려고 노력하는 정도로, 창피의식성은 대인관계에서 부끄러움, 창피함, 불안을 느끼는 정도로 각각 정의하였다.

체면민감성을 측정하기 위하여 최상진·최인재(1999)가 개발하고, 정명선·김혜진(2009), 서용한·오희선·전민지(2011), 이명현·이형룡(2013) 등의 연구에서 신뢰도와 타당도가 검증된 측정항목을 이 책의 목적에 맞게 수정·보완하여 사용하였다. 체면민감성 하위요인은 타인의식성 4개 문항, 형식격식성 4개 문항, 창피의식성 4개 문항 등 총12개 문항으로 구성되었으며, Likert 5점 척도(1-전혀 그렇지 않다, 5-매우 그렇다)로 측정하였다.

구체적으로 살펴보면 타인의식성에 관한 질문 4개 문항: 1) 내 휴대폰/시계에 대해 상대방이 어떻게 생각하는가에 대해 민감한 편이다, 2) 내 휴대폰/시계가 다른 사람에게 어떻게 비칠까 염려하는 편이다, 3) 내 휴대폰/시계에 대해 다른 사람이 어떻게 평가할지 의식한다, 4) 나는 휴대폰/시계를 사용할 때, 남의 시선을 의식하는 편이다. 형식격식성에 관한 질문 4개 문항: 1) 나는 비싼 휴대폰/시계를 사용하면 상대방에게 격식을 갖췄다고 생각한다, 2) 나는 비싼 휴대폰/시계를 사용하면 다른 사람의 눈길을 끌 수 있다고 생각한다, 3) 나의 휴대폰/시계가 고가일수록 다른 사람에게 나의 품위가 높아질 것이라 생각한다, 4) 나의 겉모습을 위해 더 비싼 휴대폰/시계를 사용한다. 창피의식성에 관한 질문 4개 문항: 1) 나는 저렴한 휴대폰/시계를 사용하면 다른 사람들한테 창피하다는 생각을 가진다, 2) 비싼 휴대폰/시계를 사용하는 사람들 앞에서 내가 저렴한 휴대폰/시계를 사용한다면 당혹스러울 것이라 생각한다, 3) 비싼 휴대폰/시계를

사용하는 사람들 앞에서 내가 저렴한 휴대폰/시계를 쓴다면 망신을
당하는 것이라 생각한다, 4) 비싼 휴대폰/시계를 사용하는 사람들
앞에서 내가 저렴한 휴대폰/시계를 사용한다면 부끄럽다는 생각을
가진다.

3) 충동구매성향(impulsive buying tendency)

충동구매의 개념에 대해 Stern(1962)은 소비자가 매장에 들어갈 때
제품을 구매하려고 하지 않았지만 실제 구매한 경우로 정의하였으
며, 충동구매 유형을 순수충동구매(pure impulse buying), 상기충동구매
(reminder impulse buying), 암시충동구매(suggestion impulse buying), 계획충
동구매(planned impulse buying) 등의 4가지로 분류하였다.

다양한 연구자들(김화동, 2005; 이은진, 2011; 양성목·김형길, 2019; Stern,
1962)의 연구를 바탕으로 이 책의 충동구매성향은 사전에 구체적인
구매계획이 없었지만 갑자기 내적 또는 외적 자극을 받아 제품을
즉흥적으로 구매하는 특성으로 정의하여 4가지로 분류하고 조작적
정의를 하였다. 첫째, 암시충동구매는 제품에 대한 사전 지식 없이
필요성을 느끼거나 품질이나 성능이 좋을 것 같아 즉흥적으로 구매
한 경험을 포함하는 것으로 정의하였다. 둘째, 자극충동구매는 가격
할인, 사은품 등의 판매촉진 활동에 자극을 받아 즉흥적으로 구매
한 경험을 포함하는 것으로 정의하였다. 셋째, 상기충동구매는 이전
에 그 제품을 사려고 했던 기억을 상기하거나 광고 혹은 정보 등이
생각나서 즉흥적으로 구매한 경험을 포함하는 것으로 정의하였다.
넷째, 순수충동구매는 마음에 드는 제품이나 독특한 제품, 신기한

제품을 발견하고 즉흥적으로 구매한 경험을 포함하는 것으로 정의 하였다.

측정항목은 Stern(1962), 김화동(2005), 이은진(2011), 양성목·김형길 (2019) 등의 연구를 참고하여 이 책에 맞게 수정하였으며, Likert 5점 척도(1-전혀 그렇지 않다, 5-매우 그렇다)로 측정하였다. 구체적으로 살 펴보면, 암시충동구매에 관한 질문 4개 문항: 1) 휴대폰/시계에 대한 사전지식 없이 갑자기 구매하고 싶은 마음이 생겨 계획 없이 구매 한 경험이 있다, 2) 휴대폰/시계에 대한 사전지식 없이 갑자기 필요 성을 느껴 계획 없이 구매한 경험이 있다, 3) 휴대폰/시계에 대한 사 전지식 없이 품질, 성능이 좋을 것 같아 계획 없이 갑자기 구매한 경험이 있다, 4) 휴대폰/시계에 대한 사전지식 없이 나중에 사용 가 능할 것이라 생각되어 갑자기 계획 없이 구매한 경험이 있다. 자극 충동구매에 관한 질문 3개 문항: 1) 가격할인에 영향을 받아 갑자기 계획 없이 휴대폰/시계를 구매한 경험이 있다, 2) 사은품 증정에 영 향을 받아 계획 없이 갑자기 구매한 경험이 있다, 3) 현재 나의 경제 사정에서 휴대폰/시계를 구입이 가능하다고 생각되어 계획 없이 갑 자기 구매한 경험이 있다. 상기충동구매에 관한 질문 4개 문항: 1) 광고 및 홍보정보가 떠올라 갑자기 계획 없이 휴대폰/시계를 구매 한 경험이 있다, 2) 나는 휴대폰/시계를 보고 그 휴대폰/시계를 구입 하려던 생각이 떠올라 계획 없이 구매한 경험이 있다, 3) 나는 휴대 폰/시계를 보고 그 휴대폰/시계가 없어서 못 샀던 생각이 떠올라 계 획 없이 구매한 경험이 있다, 4) 이전에도 똑같은 휴대폰/시계를 구 매했던 사실이 떠올라 계획 없이 구매한 경험이 있다. 순수충동구매에 관한 질문 4개 문항: 1) 휴대폰/시계가 독특하다고 생각되어 계획 없이 구매한 경험이 있다, 2) 휴대폰/시계를 보고 갑자기 마음에 끌려 계획 없이 구매한 경험이 있다, 3) 나는 신기한 휴대폰/시계를 발견하고 계획 없이 구매한 경험이 있다, 4) 나는 흥미 있는 휴대폰/시계를 발견하여 계획 없이 구매한 경험이 있다.

4) 만족(satisfaction)

Oliver(1997)는 고객만족을 충족상태가 유쾌한 수준에서 제공되었는지 여부에 관한 판단이라고 정의하였으며, 이유재(2000)는 고객만족을 사용 전의 기대와 사용 후에 느끼는 제품성과 간의 지각된 불일치에 대한 소비자의 평가과정으로 설명하였으며, 박진우·송인암·김규배(2018)의 연구에서는 만족을 개별 만족 경험이 누적된 전반적인 평가로 정의하였다. 따라서 이 책은 만족의 조작적 정의를 구매한 제품과 구매한 일에 대한 누적된 전반적인 평가로 정의하기로 하였다.

만족 측정을 위해 Oliver(1997), 박철·전종근·이태민(2015), 박진우·송인암·김규배(2018) 등의 연구를 참조하여 수정한 5개 문항으로 질문하였으며, 각 문항은 Likert 5점 척도(1-전혀 그렇지 않다, 5-매우 그렇다)를 사용하여 측정하였다. 측정 문항은: 1) 나는 휴대폰/시계를 구매한 것에 대한 전반적으로 만족스럽다, 2) 나는 원하던 휴대폰/시계를 저렴하게 구매를 하였기 때문에 기분이 좋아졌다, 3) 나는 휴대폰/시계를 구매한 것이 현명한 일이라고 생각한다, 4) 나는 휴대폰/시계를 구매한 것이 옳았다는 확신을 한다, 5) 나는 구매한 휴대폰/시계에 대한 만족한다.

각 연구변수에 대한 조작적 정의를 종합적으로 정리하면 다음 <표 3>과 같다.

<표 3> 각 변수의 조작적 정의

변수	조작적 정의		선행연구
제품 관여도	특정 제품에 대한 개인적 중요성이나 관련성의 수준		Zaichkowsky(1985) 유창조 외(2011) 김성훈(2003)
체면 민감성	대인관계에서 자신의 행동에 대한 타인의 시선 및 인정을 의식하는 정도이자 이로 인한 불안 등에 대해 민감하게 반응하는 특성		최상진·최인재 (1999) 정명선·김혜진 (2009) 서용한 외 (2011) 이명현·이형룡 (2013)
	타인 의식성	타인의 시선, 평가, 생각 등에 대한 민감한 정도	
	형식 격식성	격식과 교양 있게 행동하려고 노력하는 정도	
	창피 의식성	대인관계에서 부끄러움, 창피함, 불안을 느끼는 정도	
충동 구매 성향	사전에 구체적인 구매계획이 없었지만 갑자기 내적 또는 외적 자극을 받아 제품을 즉흥적으로 구매하는 특성		Stern(1962) 김화동(2005) 이은진(2011) 양성목·김형길 (2019)
	암시 충동구매	제품에 대한 사전 지식 없이 필요성을 느끼거나 품질이나 성능이 좋을 것 같아 즉흥적으로 구매한 경험	
	자극 충동구매	가격할인, 사은품 등의 판매촉진 활동에 자극을 받아 즉흥적으로 구매한 경험	
	상기 충동구매	이전에 그 제품을 사려고 했던 기억을 상기하거나 광고 혹은 정보 등이 생각나서 즉흥적으로 구매한 경험	

	순수 충동구매	마음에 드는 제품이나 독특한 제품, 신기한 제품을 발견하고 즉흥적으로 구매한 경험	
만족		구매한 제품과 구매한 일에 대한 누적된 전반적인 평가	Oliver(1997) 박철 외(2015) 박진우 외(2018)

4장

체면소비의
실증분석

체면소비의 실증분석

4.1. 표본의 특성

이 책의 진행에 필요한 자료의 수집은 부산지역에 거주하고 있는 20~50대 대학(원)생 및 일반인을 대상으로 실시하였다. 설문지의 각 문항은 문헌연구를 통하여 기존의 연구에서 신뢰성과 타당성이 확보되어 있는 문항을 토대로 추출하였다. 표집은 편의표본추출방법으로 2018년 11월 21일부터 12월 16일까지 실시하였다. 총 400부의 설문지를 배포하였으며, 이 중 미회수 및 불성실하게 응답한 설문지 12부와 휴대폰이나 시계를 구매한 경험이 없는 설문지 34부를 제외한 총 354부의 유효 설문지만 실제 분석에 사용하였다.

수집된 표본에 대한 인구통계적 특성을 살펴보기 위하여 빈도분석을 실시하였으며 그 결과는 <표 4>와 같다. 응답자의 성별을 살펴보면 여성 응답자는 52.0%(184명), 남성 응답자는 48.0%(170명)로 나타났는데, 여성 응답자가 차지하는 비중이 조금 높은 것으로 조사되었다. 응답자의 연령은 20대 63.8%(226명), 30대 25.7%(91명), 40

대 5.9%(21명), 50대 4.5%(16명)로 주로 20대와 30대가 큰 비중을 차지하고 있는 것으로 나타났다. 학력별로 보면 대재 혹은 대졸이 전체의 72.9%(258명)로 가장 큰 비중을 차지하고 있었고, 월 평균 용돈은 30만원 이상 50만원 미만 35.3%(125명), 90만원 이상 22.0%(78명), 그리고 50만원 이상 70만원 미만 20.9%(74명)의 순서로 나타났다. 시계를 구매한 경험이 있는 응답자는 169명, 휴대폰을 구매한 경험이 있는 응답자는 185명으로 나타났다.

〈표 4〉 인구통계적 특성

Classification		Frequency	Ratio(%)
성별	남	170	48.0
	여	184	52.0
	합 계	354	100
연령	20대	226	63.8
	30대	91	25.7
	40대	21	5.9
	50대	16	4.5
	합 계	354	100
학력	고졸 이하	36	10.2
	대재 혹은 대졸	258	72.9
	대학원 이상	60	16.9
	합 계	354	100
월 평균 용돈	30만 원 미만	47	13.3
	30만원 이상 50만원 미만	125	35.3
	50만원 이상 70만원 미만	74	20.9
	70만원 이상 90만원 미만	30	8.5
	90만원 이상	78	22.0
	합 계	354	100
제품	시계	169	47.7
	휴대폰	185	52.3
	합 계	354	100

4.2. 타당성 및 신뢰도 검증

이 책에서는 체면민감성을 독립변수, 만족을 종속변수, 충동구매 성향을 매개변수, 그리고 제품관여도를 조절변수로 각각 정하였는데, 분석에 앞서 각 변수들에 대한 타당성 및 신뢰성 검증 먼저 실시하였다.

4.2.1. 타당성 검증

이 책에 활용된 다문항의 공통요인을 파악하고 변수의 타당성을 검증하기 위해 선행연구에 의하여 입증된 기존의 설문 문항들을 근거로 하였으나, 일부 변수들은 이 책에 맞도록 수정되었으며, 표현의 적절성 등을 검토하기 위해 탐색적 요인분석(exploratory factor analysis)을 실시하였다. 요인추출 방법으로는 주성분분석(principal component analysis)을 사용하였고, 요인회전 방법은 베리멕스(varimax)방법에 의하여 실시하였다. KMO척도(Kaiser-Meyer-Olkin)는 엄격한 수준으로 알려져 있는 0.6을 기준으로 하였으며, Bartlett검증 값이 $p < 0.05$인 경우 요인분석의 실시가 적절하다고 할 수 있다(Garson, 2001). 항목 간의 상관관계를 나타내는 공통성(Communality)은 보편적으로 활용되고 있는 0.6을 기준으로 하고(Field, 2000), 요인적재치(factor loading)는 0.4 이상을 유의한 변수로 판단하였다(Goodman, Dolan, Morrison and Daniels, 2005). 개별 문항 내에서 요인의 수 결정은 사회과학 분야에서 일반적으로 인정되는 기준인 고웃값(Eigen value)이 1 이상인 요인

만 추출하였다.

탐색적 요인분석 결과는 <표 5>와 같다. 총 9개 공통요인이 추출
되었으며, 모든 문항의 설명된 총분산은 78.392%로 높은 설명력을
나타냈다. KMO척도는 0.920으로 높게 나타났고, Bartlett의 검증결과
근사 카이제곱 값이 10850.558(p=.000<.05)로 유의하게 나타났다. 각
항목에 대한 공통성은 0.632부터 0.909 사이의 값으로 나타나 기준
값 0.6을 초과하였다. 따라서 모든 항목이 이 책을 위한 척도로서
타당한 것으로 나타났다.

〈표 5〉 탐색적 요인분석 결과

Item	Component									Communality
	1	2	3	4	5	6	7	8	9	
제품관여도3	**.916**	-.034	.023	.037	.216	.046	-.073	.039	.069	.903
제품관여도2	**.911**	-.005	.012	.010	.266	.060	-.057	.018	.035	.909
제품관여도4	**.893**	.013	.009	.074	.210	.035	-.048	.110	.013	.862
제품관여도1	**.888**	-.002	-.002	.021	.286	.062	-.015	.111	.042	.890
체면민감성11	-.021	**.849**	.276	.138	.004	.102	.199	.117	.158	.905
체면민감성10	-.017	**.833**	.270	.065	.012	.124	.228	.068	.082	.849
체면민감성9	-.044	**.786**	.302	.114	.040	.119	.204	.225	.024	.832
체면민감성12	.069	**.725**	.233	.076	.071	.189	.371	.115	.085	.789
체면민감성3	.019	.266	**.842**	.111	.070	.084	.229	.111	.121	.883
체면민감성1	.041	.286	**.832**	.084	.087	.070	.175	.105	.039	.839
체면민감성2	-.044	.249	**.815**	.158	.074	.133	.168	.146	.104	.837
체면민감성4	.068	.362	**.644**	.047	.057	.133	.365	.098	.108	.728
충동구매성향14	.082	.136	.166	**.804**	.019	.215	.141	.238	.104	.834
충동구매성향15	.058	.078	.109	**.790**	.086	.265	.089	.221	.142	.801
충동구매성향12	.023	.147	.090	**.732**	.056	.212	.163	.328	.163	.776
충동구매성향13	-.040	.048	.044	**.649**	.217	.320	.079	.227	.305	.728
만족1	.166	.032	.073	.108	**.806**	.075	.046	.124	-.014	.718
만족4	.365	-.038	.039	-.019	**.755**	.229	.011	.030	-.088	.767
만족5	.313	-.022	.012	-.099	**.748**	.226	.016	.041	-.027	.722
만족2	.152	.084	.030	.071	**.738**	-.041	-.035	-.019	.245	.645

만족3	.208	.061	.130	.310	**.655**	-.016	.122	.161	.053	.632
충동구매성향2	.075	.121	.101	.138	.115	**.814**	.095	.154	.016	.758
충동구매성향1	-.045	.066	.024	.302	.178	**.753**	.124	.116	.188	.761
충동구매성향3	.172	.164	.114	.248	.074	**.725**	.050	.213	.207	.752
충동구매성향4	.074	.194	.189	.246	.047	**.664**	.074	.222	.245	.697
체면민감성6	-.093	.194	.227	.131	.035	.055	**.823**	.128	.051	.816
체면민감성7	-.055	.295	.252	.122	.035	.104	**.809**	.148	.093	.865
체면민감성5	-.115	.419	.207	.118	.026	.110	**.671**	.025	.199	.749
체면민감성8	-.021	.415	.296	.170	.047	.154	**.596**	.210	.167	.742
충동구매성향10	.055	.135	.157	.345	.083	.163	.162	**.722**	.136	.764
충동구매성향11	.194	.202	.113	.244	.102	.206	.027	**.698**	.038	.693
충동구매성향9	.050	.075	.105	.302	.120	.253	.167	**.674**	.286	.753
충동구매성향8	.094	.155	.178	.257	.087	.215	.184	**.655**	.349	.769
충동구매성향5	.068	.114	.164	.275	.072	.268	.163	.187	**.755**	.829
충동구매성향6	.102	.167	.177	.254	.031	.221	.201	.324	**.676**	.787
충동구매성향7	.042	.205	.060	.253	.098	.355	.110	.334	**.516**	.638
Eigen Value	3.745	3.694	3.297	3.295	3.195	3.180	2.944	2.829	2.043	
분산설명(%)	10.402	10.260	9.157	9.153	8.876	8.834	8.177	7.858	5.675	
누적분산설명 (%)	10.402	20.662	29.819	38.973	47.848	56.682	64.859	72.717	78.392	

Kaiser-Meyer-Olkin 표본적합도=.920
Bartlett의 구형성검증(근사카이제곱=10850.558, df=630, p=.000)

4.2.2. 신뢰도 검증

신뢰도 분석은 측정도구의 정확성이나 정밀성을 나타내는 것으로 동일한 개념에 대하여 측정을 반복 측정하였을 때 동일한 값을 얻을 수 있는 정도를 말한다. 이 책에서는 신뢰도 측정의 효율성을 위해 내적 일치도법의 크론바흐 알파값(Cronbach's alpha)으로 내적 일관성을 측정하였다. 일반적으로 0.70 이상이면 요인 내의 측정도구들의 일관성이 높다고 판단한다. 신뢰도 분석 결과 Cronbach's alpha

는 가장 낮은 수치가 0.837이고 가장 높은 수치가 0.958로 모두 0.70 이상으로 나타났다. 따라서 각 하위구성개념은 모두 높은 내적 일관성을 보이는 것으로 판단되며, 측정항목의 신뢰성이 충분한 것으로 평가되었다. 구체적인 내용과 최종 결과는 다음 <표 6>과 같다.

<표 6> 각 변수에 대한 신뢰성 검증 결과

Variables(N of Items)		Cronbach's Alpha
제품관여도(4)		0.958
체면민감성(12)	타인의식성(4)	0.920
	형식격식성(4)	0.901
	창피의식성(4)	0.933
충동구매성향(15)	암시충동구매(4)	0.874
	자극충동구매(3)	0.837
	상기충동구매(4)	0.872
	순수충동구매(4)	0.899
만족(5)		0.854

4.3. 상관관계 분석

이 책에서 사용된 체면민감성, 충동구매성향 및 만족 간의 연관성을 파악하기 위하여 상관관계 분석을 실시하였다. 상관관계 분석 방법으로는 피어슨(Pearson) 상관계수를 이용하여 각 변수의 인과성을 확인하였다. Pearson 상관계수는 -1부터 1까지의 값을 갖는데, 상관계수의 부호는 변수 간 관계의 방향성을 의미하며, 상관계수의 절댓값이 1에 가까우면 강한 상관관계가 있다고 할 수 있다. 이 책의 체면민감성, 충동구매성향, 그리고 만족 간의 상관관계 분석결과

는 <표 7>과 같다. 모든 변수들은 유의수준 0.05에서 정(+)의 상관
관계를 가지고 있는 것으로 나타났다.

〈표 7〉 체면민감성, 충동구매성향 및 만족 간의 상관관계 분석

	타인 의식성	형식 격식성	창피 의식성	암시 충동구매	자극 충동구매	상기 충동구매	순수 충동구매	만족
타인 의식성	1							
형식 격식성	.642***	1						
창피 의식성	.671***	.699***	1					
암시 충동구매	.371***	.379***	.407***	1				
자극 충동구매	.436***	.493***	.459***	.641***	1			
상기 충동구매	.445***	.465***	.452***	.606***	.712***	1		
순수 충동구매	.373***	.421***	.371***	.633***	.671***	.717***	1	
만족	.203***	.126*	.134*	.314***	.251***	.306***	.278***	1

*p<.05, ***p<.001

4.4 연구문제 검증

이 책에서 제시한 연구문제를 검증하기 위하여 SPSS 22.0 프로그
램을 사용하여 통계분석을 실시하였고, 결과는 유의수준 5%에서 연
구문제의 채택과 기각 여부를 결정하였다.

4.4.1. 체면민감성이 충동구매성향에 미치는 영향

이 책의 연구문제1에서는 체면민감성의 하위요인들이 충동구매 성향의 하위요인들에 영향을 미치는지를 검증하기 위해 충동구매 성향의 4개 하위 요인을 종속변수로 하고 체면민감성의 3개 하위 요인을 독립변수로 투입하여 다중회귀분석(multiple regression analysis) 을 실시하였다.

먼저 독립변수들 간의 다중공선성(multicollinearity) 여부를 확인하기 위하여 분산팽창요인(VIF: variance inflation factor) 값을 살펴본 결과 모 두 기준값인 10 이하를 만족하므로 다중공선성이 없다고 판단할 수 있다. 또한 독립변수들 간의 자기상관성(autocorrelation)을 파악하기 위해 더빈-왓슨(D-W: Durbin-Watson) 값을 확인한 결과 모두 기준값 인 2와 가까워 자기상관성이 없다고 판단할 수 있다.

<표 8>의 분석 결과를 보면 먼저 체면민감성의 3개 하위 요인은 암시충동구매를 유의하게 설명하고 있으며(p=.000<.05), 수정된 R^2 adjusted R-square)값은 .185로 18.5%의 설명력을 보였다. 구체적으로 창피의식성(p=.003<.05)은 암시충동구매에 정(+)의 영향을 미치는 것 으로 나타났다. 반면 타인의식성(p=.051>.05)과 형식격식성(p=051>. 05)이 암시충동구매에 미치는 영향은 유의하지 않는 것으로 조사되 었다.

다음으로 체면민감성의 3개 하위 요인은 자극충동구매를 유의하 게 설명하고 있으며(p=.000<.05), 수정된 R^2값은 .272로 27.2%의 설 명력을 보였다. 구체적으로 타인의식성(p=.029<.05), 형식격식성(p= 000<.05), 그리고 창피의식성(p=.021<.05)은 모두 자극충동구매에 정

(+)의 영향을 미치는 것으로 나타났다. 각 독립변수들의 상대적 중요도를 비교하기 위하여 표준화 회귀계수(standardized regression coefficient)를 살펴본 결과, 형식격식성(β=.289), 창피의식성(β=.161), 타인의식성(β=.142) 순으로 자극충동구매에 미치는 상대적 영향력이 큰 것으로 나타났다.

또한, 체면민감성의 3개 하위 요인은 상기충동구매를 유의하게 설명하고 있으며(p=.000<.05), 수정된 R^2값은 .258로 25.8%의 설명력을 보였다. 구체적으로 타인의식성(p=.005<.05), 형식격식성(p=.001.05), 그리고 창피의식성(p=.018<.05)은 모두 상기충동구매에 정(+)의 영향을 미치는 것으로 나타났다. 표준화 회귀계수를 살펴본 결과, 상기충동구매에 미치는 상대적 영향력은 형식격식성(β=.230), 타인의식성(β=.185), 창피의식성(β=.167) 순으로 나타났다.

마지막으로 체면민감성의 3개 하위 요인은 순수충동구매를 유의하게 설명하고 있으며(p=.000<.05), 수정된 R^2값은 .191로 19.1%의 설명력을 보였다. 구체적으로 타인의식성(p=.040<.05)과 형식격식성(p=.000<.05)은 순수충동구매에 정(+)의 영향을 미치는 것으로 나타났으나, 창피의식성(p=.221>.05)은 유의한 영향을 미치지 않는 것으로 나타났다. 표준화 회귀계수를 살펴본 결과, 형식격식성(β=.267)이 타인의식성(β=.141)보다 순수충동구매에 미치는 상대적 영향력이 큰 것으로 나타났다.

<표 8> 연구문제1의 검증 결과

Dependent Variable	Independent Variable	B	S.E.	β	t	p	VIF
암시 충동구매	타인 의식성	.135	.069	.134	1.962	.051	2.035
	형식 격식성	.141	.072	.139	1.959	.051	2.189
	창피 의식성	.230	.077	.219	2.985**	.003	2.342
F=27.733, p=.000; R²=.192, adj R²=.185; D-W=1.883							
자극 충동구매	타인 의식성	.136	.062	.142	2.188*	.029	2.035
	형식 격식성	.282	.065	.289	4.309***	.000	2.189
	창피 의식성	.162	.070	.161	2.316 *	.021	2.342
F=44.981, p=.000; R²=.278, adj R²=.272; D-W=2.052							
상기 충동구매	타인 의식성	.177	.062	.185	2.830 **	.005	2.035
	형식 격식성	.222	.065	.230	3.385 **	.001	2.189
	창피 의식성	.167	.070	.167	2.385 *	.018	2.342
F=41.993, p=.000; R²=.265, adj R²=.258; D-W=1.903							
순수 충동구매	타인 의식성	.141	.068	.141	2.062 *	.040	2.035
	형식 격식성	.270	.071	.267	3.778 ***	.000	2.189
	창피 의식성	.094	.077	.090	1.225	.221	2.342
F=28.861, p=.000; R²=.198, adj R²=.191; D-W=1.891							

*p<.05, **p<.01, ***p<.001

4.4.2. 충동구매성향이 만족에 미치는 영향

연구문제2에서는 충동구매성향의 하위요인들이 만족에 영향을 미치는지를 검증하기 위해 만족을 종속변수로 하고 충동구매성향의 4개 하위 요인을 독립변수로 투입하여 다중회귀분석을 실시하였다. 먼저 VIF값과 D-W값을 확인한 결과 모두 기준값을 충족하고 있어 독립변수들 간의 다중공선성과 자기상관성이 없다고 판단할 수 있다.

<표 9>의 분석 결과를 보면 충동구매성향의 4개 하위 요인은 만족을 유의하게 설명하고 있으며(p=.000<.05), 수정된 R^2값은 .111으로 11.1%의 설명력을 보였다. 구체적으로, 암시충동구매(p=.005<.05)와 상기충동구매(p=.032<.05)는 만족에 유의한 정(+)의 영향을 미치는 것으로 나타났으며, 자극충동구매(p=.666>.05)와 순수충동구매(p=.535>.05)는 만족에 유의한 영향을 미치지 않는 것으로 나타났다. 표준화 회귀계수를 보면 암 시충동구매(β=.199)가 상기충동구매(β=.175)보다 만족에 미치는 상대적 영향력이 더 큰 것으로 나타났다.

〈표 9〉 연구문제2의 검증 결과

Dependent Variable	Independent Variable	B	S.E.	β	t	p	VIF
만족	암시 충동구매	.179	.063	.199	2.819**	.005	1.981
	자극 충동구매	-.032	.074	-.034	-.432	.666	2.486
	상기 충동구매	.164	.076	.175	2.153*	.032	2.617

	순수 충동구매	.044	.071	.049	.621	.535	2.486
F=12.028, p=.000; R^2=.121, adj R^2=.111; D-W= 1.883							

*p<.05, **p<.01

4.4.3. 체면민감성이 만족에 미치는 영향

연구문제3에서는 체면민감성의 하위요인들이 만족에 영향을 미치는지를 검증하기 위해 만족을 종속변수로 하고 체면민감성의 3개 하위 요인을 독립변수로 투입하여 다중회귀분석을 실시하였다. 먼저 VIF값과 D-W값을 확인한 결과 모두 기준값을 충족하고 있어 독립변수들 간의 다중공선성과 자기상관성이 없다고 판단할 수 있다.

<표 10>의 분석 결과를 보면 체면민감성의 3개 하위 요인은 만족을 유의하게 설명하고 있으며(p=.002<.05), 수정된 R^2값은 .033로 3.3%의 낮은 설명력을 보였다. 구체적으로 타인의식성(p=.006<.05)만이 만족에 유의한 정(+)의 영향을 미치는 것으로 나타났으며, 형식격식성(p=.925>.05)과 창피의식성(p=.995>.05)은 만족에 유의한 영향을 미치지 않는 것으로 나타났다.

〈표 10〉 연구문제3의 검증 결과

Dependent Variable	Independent Variable	B	S.E.	β	t	p	VIF
만족	타인 의식성	.187	.067	.208	2.790**	.006	2.035
	형식 격식성	-.007	.070	-.007	-.094	.925	2.189
	창피 의식성	-.001	.075	-.001	-.007	.995	2.342

F=5.031, p=.002; R^2=.041, adj R^2=.033; D-W= 1.878

**p<.01

4.4.4. 체면민감성과 만족의 관계에서 충동구매성향의 매개효과

연구문제4를 확인하기 위하여 Baron and Kenny(1986)가 제시한 3단계 매개효과 검증기법을 적용하고자 한다. 매개효과를 검증하기 위해서는 다음의 조건들이 충족되어야 한다. 첫째, 독립변수가 종속변수에 미치는 영향은 유의해야 한다. 둘째, 독립변수가 매개변수에 미치는 영향은 유의해야 한다. 셋째, 독립변수와 매개변수가 종속변수에 미치는 영향에서, 매개변수는 반드시 유의해야 하며, 독립변수만 종속변수에 영향을 미칠 때 보다 독립변수의 회귀계수가 감소하거나(부분 매개) 무의미해져야 한다(완전 매개). 따라서 앞선 연구문제3의 검증 결과에 따라 체면민감성의 하위요인 중 타인의식성이 만족에 미치는 영향에서 충동구매성향의 매개효과가 존재하는지 탐색하였다. 이에 대한 결과는 〈표 11〉에 제시하였다.

1단계 분석에서는 독립변수인 타인의식성이 종속변수인 만족에 미치는 총효과(p=.000<.05)가 유의한 것으로 나타났다. 2단계 분석에서는 독립변수인 타인의식성이 매개변수인 충동구매성향의 모든 하위요인에 유의한 영향을 미치는 것으로 나타났다(p=.000<.05; p=.000<.05; p=.000<.05; p=.000<.05). 3단계에서는 독립변수인 타인의식성과 매개변수인 충동구매성향의 4가지 하위요인이 서로의 영향력이 통제된 상태에서 종속변수인 만족에 미치는 영향을 확인하였다. 분석 결과, 독립변수인 타인의식성이 종속변수인 만족에 미치는 직접효과(p=.274>.05)는 유의하지 않은 것으로 나타났다. 또한 매개변수인 충동구매성향이 종속변수인 만족에 미치는 영향에서 암시충동구매(p=.007<.05)는 유의한 것으로 나타났지만, 자극충동구매(p=.560>.05), 상기충동구매(p=.053>.05) 그리고 순수충동구매(p=.539>.05)는 유의하지 않은 것으로 나타났다. 즉, 충동구매성향의 하위요인 중 암시충동구매는 체면민감성의 하위요인인 타인의식성과 만족의 관계를 완전 매개하는 것으로 확인되었다.

추가로 Sobel Test(Sobel, 1982)를 실시한 결과, 암시충동구매의 매개효과에 대한 z값은 2.217(p=.027<.05)으로 나타나 매개효과의 통계적 유의성이 검증되었다.

<표 11> 연구문제4의 검증 결과

	Dependent Variable	Independent Variable	B	S.E.	β	t	p
Model 1	만족	타인 의식성	.182	.047	.203	3.894***	.000
	F=15.166, p=.000; R^2=.041, adj R^2=.039; D-W=1.877						

	암시 충동구매	타인 의식성	.372	.050	.371	7.499***	.000
	F=56.238, p=.000; R²=.138, adj R²=.135; D-W=1.919						
	자극 충동구매	타인 의식성	.419	.046	.436	9.078***	.000
	F=82.418, p=.000; R²=.190, adj R²=.187; D-W=2.098						
Model 2	상기 충동구매	타인 의식성	.425	.046	.445	9.313***	.000
	F=86.726, p=.000; R²=.198, adj R²=.195; D-W=1.978						
	순수 충동구매	타인 의식성	.372	.049	.373	7.536***	.000
	F=56.791, p=.000; R²=.139, adj R²=.136; D-W=1.925						
Model 3	만족	타인 의식성	.056	.051	.063	1.096	.274
		암시 충동구매	.173	.064	.193	2.730**	.007
		자극 충동구매	-.044	.075	-.047	-.584	.560
		상기 충동구매	.150	.077	.160	1.939	.053
		순수 충동구매	.044	.071	.049	.615	.539
	F=9.868, p=.000; R²=.124, adj R²=.112; D-W=1.874						
Sobel Test	Z값			P			
	2.217			.027*			

*p<.05, **p<.01, ***p<.001

4.4.5. 체면민감성과 만족의 관계에서 제품관여도의 조절효과

제품관여도의 조절효과를 측정하기 위해서 더미변수 조절회귀분석을 사용하여 측정하였다. 먼저, 조절변수인 제품관여도를 고관여 제품(휴대폰)과 저관여 제품(시계)의 두 그룹으로 구분하여 통계적으로 유의미한 차이를 확인하였다. 분석결과는 <표 12>와 같이, 제품관여도에 대한 시계(M=3.06, SD=1.411)가 휴대폰(M=4.57, SD=.591)보다 낮은 것으로 나타났으며, 이러한 차이는 통계적으로 유의미한 것으로 나타났다(t=-13.345, df=352, p<.001). 따라서 제품관여도를 고/저 관여도 제품으로 성공적으로 분류하였다.

〈표 12〉 제품관여도에 대한 T-test 검증 결과

	Division	N	M	Std.	t
제품관여도	시계	169	3.06	1.411	-13.345***
	휴대폰	185	4.57	.591	

***p<.001

연구문제5를 분석하기 위해, 제품군은 더미변수로 변환하여 사용하였으며, 저관여 제품(시계)은 1, 고관여 제품(휴대폰)은 0으로 코딩하였다. 분석에는 위계적 회귀분석을 적용하였다. 조절회귀는 분석과정에서 독립변수 및 조절변수 그리고 상호작용 항을 순차적으로 분석에 투입하기 때문에 다중공선성이 발생할 가능성이 있다. 따라서 다중공선성 문제를 예방하기 위해서 각 변수를 평균중심화(mean centering)한 후에 독립변수와 조절변수의 곱으로 생성된 상호작용 항을 분석에 투입하였다. 분석결과에서 상호작용을 표현한 변수들이 유의미한 회귀계수를 얻고, 2단계와 3단계 회귀식의 설명된 분산(R^2)의 증감이 △F검증을 통하여 유의미한 차이를 보일 경우 조절효과가 있다고 판단한다.

　분석결과를 요약한 <표 13>에 따르면 3단계 회귀분석에서 3개의 상호작용변수들이 투입됨으로써 발생한 △R^2을 살펴본 결과, 상호작용 항(타인의식성x제품관여도와 창피의식성x제품관여도)에 의해서 종속변수인 만족에 대한 분산 설명력이 유의하게 증가한 것으로 나타났다. 따라서 타인의식성과 만족에 제품관여도의 조절효과가 있는 것으로 밝혀졌다(△R^2=.021, △F=2.812, p<.05). 즉, 제품관여도는 타인의식성이 만족에 미치는 영향에 정(+)의 조절효과가 나타났지만, 창피의식성이 만족에 미치는 영향에는 부(-)의 조절효과를 나타내었다. 반면에 형식격식성이 만족에 미치는 영향에서는 유의한 조절효과를 나타나지 않는 것 조사되었다.

〈표 13〉 연구문제5의 검증 결과

Variable	Dependent Variable: 만족		
	조절변수: 제품관여도		
	Model 1	Model 2	Model 3
타인의식성	.208**	.181*	.033
형식격식성	-.007	.101	-.015
창피의식성	-.001	-.014	.206
제품관여도		-.274***	-.273***
타인의식성x제품관여도			.203*
형식격식성x제품관여도			.128
창피의식성x제품관여도			-.268*
F	5.031***	10.702***	7.416***

R^2	.041	.109	.130
$\triangle R^2$		.068	.021
$\triangle F$		26.612	2.812

*p<.05, **p<.01, ***p<.001

5장

마케팅 전략 제안

마케팅 전략 제안

5.1. 마케팅 전략 제안

이 책은 소비자의 체면민감성과 충동구매성향을 각각 세분화하고, 체면민감성이 충동구매성향 및 만족에 미치는 영향과 충동구매성향이 만족에 미치는 영향을 알아보고자 하였다. 또한 충동구매성향은 체면민감성과 만족의 관계에서 매개변수로 작용하는지 그리고 제품관여도는 체면민감성과 만족의 관계에서 조절변수로 작용하는지에 대해 탐색하였다. 이러한 목적을 달성하기 위하여 부산지역의 일반 시민 354명을 대상으로 설문조사를 실시하여 다음과 같은 결과를 도출하였다.

첫째, 체면민감성의 하위요인 중 창피의식성은 충동구매성향의 하위요인 중 암시충동구매에 유의한 정(+)의 영향을 미치지만, 타인의식성과 창피의식성은 암시충동구매에 유의한 영향을 주지 않는 것으로 나타났다. 선행연구를 살펴보면, 이명현·이형룡(2013)의 연구에서 창피의식성은 충동구매에 정(+)의 영향을 미치는 것으로 나타났지만, 충동구매를 단일차원으로 조사하였다. 이 책의 결과는 이명현·이형룡(2013)의 결과를 지지하는 것으로서 볼 수 있다. 즉, 창피의식성은 대인관계에서 부끄러움을 느끼는 정도로 창피의식성향을 가진 소비자는 제품을 구매할 때 제품품질이나 성능에 영향을 받는다. 이러한 소비자는 남에게 잘 보이기 위해 품질이나 성능이 좋은 제품을 충동적으로 구매한다고 해석할 수 있다. 반면, 타인의식성과 형식격식성을 가진 소비자는 제품을 구매할 때 제품품질이나 성능에 영향을 받지 않고 제품품질이나 성능 이외의 기타 요소들에 영향을 받을 수 있는 가능성이 있다고 해석할 수 있다. 따라서 기업들은 제품의 마케팅 전략을 수립함에 있어 제품의 품질이나 성능에 중시해야할 뿐 기타 요소들 도 고려해야하다는 시사점을 제공할 수 있다.

둘째, 체면민감성의 하위요인 중 타인의식성, 형식격식성 그리고 창피의식성은 충동구매성향의 하위요인 중 자극충동구매와 상기충동구매에 유의한 정(+)의 영향을 미치는 것으로 나타났다. 즉, 체면민감성을 가진 소비자는 가격할인, 사은품, 광고, 홍보 등 다양한 판매촉진 활동에 영향을 받아 충동구매를 유발할 수 있는 것으로 해석할 수 있다. 따라서 기업들은 제품의 판매촉진전략을 수립함에 있어 소비자의 체면민감성을 고려해야 하는 중요한 요소를 인식해야하다는 시사점을 제공할 수 있다.

셋째, 체면민감성의 하위요인 중 타인의식성과 형식격식성은 충동구매성향의 하위요인 중 순수충동구매에 유의한 정(+)의 영향을 미치지만, 창피의식성은 순수충동구매에 유의한 영향을 주지 않는 것으로 나타났다. 즉, 타인의 평가에 민감한 정도인 타인의식성과 자신의 신분에 맞는 행동을 하려는 정도인 형식격식성은 공통적으로 타인에게 보여주기 위한 외적 행동 경향을 가지므로 신기하거나 독특한 제품을 영향을 받아 충동구매를 유발할 수 있다고 해석할 수 있다. 또한, 창피의식성은 대인관계에서 부끄러움을 느끼는 정도로 창피의식성을 가진 소비자는 신기하거나 독특한 제품을 구매할 때 자기 이미지나 체면의 손상을 걱정하고 불안을 느껴 충동구매를 하지 않고 심사숙고하여 구매한다고 해석할 수 있다. 따라서 기업들은 제품을 개발할 때 다른 기업 제품의 차별화에 대해 주목을 해야 한다는 시사점을 제공할 수 있다.

넷째, 충동구매성향의 하위요인 중 암시충동구매와 상기충동구매는 만족에 유의한 영향을 미치지만, 자극충동구매와 순수충동구매는 만족에 유의한 영향을 미치지 않는 것으로 나타났다. 이는 이은진(2011)에서 암시충동구매와 상기충동구매가 구매만족도에 영향을 미치고, 순수충동구매는 영향을 미치지 않는다는 연구결과와 일치한다. 즉, 소비자들은 이전에 구입하고자 했던 기억을 상기하거나 제품의 광고 및 정보의 영향을 받아 제품을 충동구매할지라도 구입한 제품의 품질이나 성능에 만족하고 제품의 구매과정에 대해 만족하는 경향을 보였다. 따라서 소비자의 충동구매성향이 높을수록 자신이 구매한 제품이나 구매한 일에 대해 만족도가 높아지는 것을 알 수 있다. 이를 통해 기업들은 소비자의 욕구를 파악하고 광고나 홍보 전략을 수립하여 소비자의 충동구매를 유도할 필요가 있다는 시사점을 제공한다. 그러나 이은진(2011)에서는 자극충동구매가 구매만족도에 영향을 미치는 것으로 나타났으나, 이 책에서는 이와 상반된 결과를 보였다. 이는 실험 제품의 차이에 따른 것으로 볼 수 있는데, 이 책의 실험 제품인 휴대폰과 시계는 일반적으로 판매촉진 활동 시 가격할인 폭이 작거나 사은품을 제공하지 않는 경우가 더 많기 때문이다.

다섯째, 체면민감성의 하위요인 중 타인의식성은 만족에 유의한 영향을 미치지만, 형식격식성과 창피의식성은 만족에 유의한 영향을 미치지 않는 것으로 나타났다. 이는 최진·이지환·정아람·김태형(2018)의 연구를 지지하는 결과로서, 타인의식성이 높은 소비자는 구매한 제품에 대해 만족이 더 높다는 것을 알 수 있다. 즉, 타인의식성은 타인의 시선에 민감한 정도로서 타인의 긍정적인 평가를 통해 구매한 제품이나 구매한 일에 대해 만족감을 느낀다고 해석할 수 있다. 따라서 소비자의 만족도를 높이기 위해 타인의식성에 초점을 맞추어 온라인상의 긍정적인 리뷰 마케팅을 활용해야 한다는 시사점을 제공할 수 있다.

여섯째, 체면민감성과 만족의 관계에서 충동구매성향은 매개변수로 작용하는가에 대한 탐색 결과, 타인의식성은 암시충동구의 매개를 통해 소비자의 만족에 영향을 미치는 것으로 나타났다. 따라서 타인의식성을 가진 소비자에게는 제품품질이나 성능을 잘 표현할 수 있는 제품을 통하여 소비자의 만족도를 더 높일 수 있다는 것을 알 수 있다.

마지막으로 체면민감성과 만족의 관계에서 제품관여도의 조절변수로 작용하는가에 대해 탐색한 결과, 체면민감성 중 타인의식성이 만족에 미치는데 있어, 제품관여도는 정(+)적인 조절변수의 역할을 하고 있으며, 창피의식성이 만족에 미치는 데 있어, 제품관여도는 부(-)적인 조절변수의 역할을 하고 있는 것으로 나타났다. 또한, 형식격식성이 만족에 영향에 제품관여도는 유의한 조절변수의 역할이 없는 것으로 조사되었다. 즉, 타인의식성이 높은 소비자는 저관여 제품보다 고관여 제품을 구매할 경우 만족을 더 크게 느끼는 것과 창피의식성이 높은 소비자는 고관여 제품보다 저관여 제품을 구매할 경우 만족을 더 크게 만족하는 것으로 조사되었다. 다시 말해, 타인의식성이 강한 소비자들은 고관여 제품을 구매하여 타인 앞에서 잘 보일 수 있을 뿐 아니라 타인의 좋은 평가를 받을 수 있기 때문에 더 큰 만족을 느끼게 되는 것으로 판단된다. 따라서 기업과 마케터들은 고관여 제품을 홍보할 경우 소비자의 신분이나 지위가 격상될 수 있는 상품임을 적극적으로 강조해야 한다는 시사점을 제공할 수 있다. 하지만 창피의식성이 강한 소비자들은 타인으로부터 창피함이나 부끄럼을 느낄 수 있기 때문에 과시하거나 고가의 고관여 제품보다 실용적인 저관여 제품을 구매하여 더 만족을 느끼게 되는 것으로 판단된다. 따라서 기업과 마케터들은 저관여 제품을 개발이나 홍보 중 제품의 실용적인 요인을 강조하는 것은 더 효과적인 마케팅 전략인 시사점을 제공할 수 있다.

5.2. 체면소비 연구의 시사점 및 한계점

이상과 같이 이 책에서는 소비자의 체면민감성과 충동구매성향의 관계에서 각 하위요인들이 어떻게 구체적으로 영향을 미치는지에 관해 살펴보았다. 아울러 체면민감성, 충동구매성향 그리고 만족간의 영향 관계를 이론적 근거를 바탕으로 논의하였다. 이러한 연구결과는 후속연구에 실증적인 연구 자료로 활용될 수 있기를 기대한다. 또한 충동구매성향이 체면민감성과 만족의 관계에서 매개효과로 작용하는지, 그리고 제품관여도가 체면민감성과 만족의 관계에서 조절효과로 작용하는지에 관해 탐색한 것은 기존 연구와의 차별성을 보인다. 그리고 체면민감성과 충동구매성향의 긍정적인 측면을 실제로 입증하여 관련 기업과 마케터들은 과거처럼 두 변수의 부정적인 측면에만 마케팅 전력의 초점을 맞출 것이 아니라 체면민감성과 충동구매성향의 긍정적인 측면도 함께 고려하여 마케팅 전력을 수립할 필요가 있다는 실무적인 시사점을 제시하였다.

이를 통해 기업들은 차별화된 마케팅 전략을 기존에 일반적으로 거론되는 요인 외에도 소비자의 문화적 가치관을 적용하여 마케팅 전략을 수립하는데 도움이 될 수 있음을 알려준다. 더불어 판매원의 고객응대 전략에도 유용한 정보를 제공할 수 있을 것으로 판단된다.

이러한 이론적 및 실무적 시사점에도 불구하고 이 책에서는 다음과 같은 한계점을 가지고 있으므로 향후 연구에 대한 제언을 하고자 한다.

첫째, 이 책에서 사용된 충동구매성향 이외에도 다양한 소비성향이 존재하므로, 이러한 다양한 소비성향과 체면민감성의 관계에 대한 검증도 향후 연구에서 필요할 것으로 판단된다. 둘째, 이 책은 비확률추출법인 편의추출방법을 사용하여 응답자의 표집에 다소 한계를 가질 수 있다. 향후연구에서는 지역, 연령, 성별의 조화를 통한 확률추출법으로 이러한 한계점을 극복하였으면 한다. 셋째, 사용된 변수들은 모두 선행연구에서 사용된 것을 이 책에 맞도록 수정하였다. 따라서 측정에 있어 오류가 있을 수 있으므로 향후에는 더욱 정교화된 측정문항을 연구할 필요가 있다.

참고문헌

가. 한글 자료

곽기영·지소영(2008), "인터넷 구매결정과정에서의 관여도의 조절효과에 관한 연구," 『경영정보학연구』, 18(2): 15-40.

김민철(2009), "청소년들의 온라인 스포츠용품 구매결정과정에서 충동구매의 매개효과분석," 『한국체육학회지』, 48(4): 189-202.

김성훈(2003), "제품 관여도 및 제품지식에 따른 온라인 구전정보 활용 연구," 『광고학연구』, 14(1): 257-280.

김세희(2011), "사회적 바람직성이 소비자 설문 응답 및 결과 분석에 미치는 영향, 체면민감성이 의복 소비 행동에 미치는 영향 분석 사례를 이용하여," 『한국의류학회지』, 35(11): 1322-1332.

김은영·김서희(2008), "온라인 의복 구매 시 추구혜택이 정보원이용과 구매의도에 미치는 영향," 『생활과학연구논총』, 12(1): 239-250.

김재휘·김태훈·전진안(2008), "체면이 비계획적 상향소비에 미치는 영향," 『심리학회지』, 9(2): 149-168.

김종옥·박상철·이원준(2005), "온라인 소비자 구매행동에서 제품관여도의 조절효과에 관한 연구," 『경영과학』, 22(2): 51-76.

김형석·이승환(2012), "골프클럽 구입경로에 따른 만족도 및 체면민감성의 관계," 『한국체육과학회지』, 20(5): 409-421.

김홍렬(2018), "체면민감성과 자아존중감이 과시소비성향과 대학생활만족에 미치는 영향 연구-대전지역 대학생을 대상으로," 『관광연구저널』, 32(8): 193-204.

김화동(2005), "인터넷 쇼핑 충동구매유형에 따른 소비자 특성 및 구매 후 행동의 차이에 관한 연구," 『한국광고홍보학보』, 7(4): 297-318.

김화동(2010), "인터넷 쇼핑 구매결정시 사용후기의 내용방향성 형태별 수용도에 관한 연구: 제품 관여도 및 위험 지각정도에 따른 구매상황을 중심으로," 『한국심리학회지: 소비자·광고』, 11(3): 579-597.

남수정·유현정(2007), "소비자의 웰빙태도 및 웰빙상품에 대한 만족도: 기대-불일치 패러다임을 중심으로," 『대한가정학회지』, 45(5): 1-13.

남승규(1999), "충동구매와 개인적 가치,"『한국심리학회지: 산업 및 조직』, 11(1): 1-11.

라선아·이유재(2015), "고객만족, 고객충성도, 관계마케팅, 고객관계관리 관련문헌에 관한 종합적 고찰,"『마케팅연구』, 30(1): 53-104.

리대룡·이상빈·곽혁진(1997), "구매충동의 조작화와 특성,"『광고연구』, 34: 213-241.

박상룡·김선아(2007), "체면민감성이 소비성향에 미치는 영향,"『한국의류산업학회지』, 9(6): 589-594.

박상수·우양일(2012), "체면민감성에 따른 문화예술상품 소비자들의 추구혜택과 만족도에 관한 실증연구-중국 북경, 상해, 심천의 20~40대 소비자들을 중심으로,"『중국과 중국학』, 15: 31-63.

박은주·강은미(2000), "의류점포 내 상황요인과 제품의 소비가치가 충동구매행동에 미치는 영향,"『한국의류학회지』, 24(6): 873-883.

박은주·강은미(2016), "모바일 패션 쇼핑몰에서 패션제품 속성과 모바일 쇼핑몰 속성이 충동구매 행동 및 만족에 미치는 영향,"『한국의류산업학회지』, 18(2): 158-166.

박은희(2013), "체면민감성이 허영심과 소비행동에 미치는 영향,"『대한가정학회』, 51(4): 413-424.

박진우·송인암·김규배(2018), "모바일 쇼핑에서 쇼핑 특성과 소비자 특성이 충동구매 및 만족에 미치는 영향,"『산업경제연구』, 31(1): 83-111.

박 철·김인규(2014), "모바일 쇼핑에서 충동구매와 후회감에 영향을 미치는 요인-정보통제력, 가격민감도, 과잉확신을 중심으로,"『인터넷전자상거래연구』, 14(6): 201-217.

박 철·전종근·이태민(2015), "모바일 쇼핑만족에 영향을 미치는 고객특성에 관한 연구: 한국, 중국, 미국, 일본 4개국 비교,"『국제경영연구』, 26(2): 99-128.

박현구(2005), "온라인 환경이 이모티콘과 비언어 행위의 관계,"『언론과학연구』, 5(3): 273-302.

범기수(2007), "대선후보자 TV 토론시 상대 체면에 대한 공격자지지 전략에 관한 한·미 비교연구,"『한국방송학회 학술대회논문집』, 168-170.

서문식·천명환·안진우(2009), "충동구매: 낭비적인가?,"『소비자학연구』, 20(1): 65-92.

서용한·오희선·전민지(2011), "체면이 명품소비행동에 미치는 영향에 관한 연구,"『한국의류산업학회지』, 13(1): 25-31.

성영신·박진영·박은아(2002), "온라인 구전정보가 영화관람 의도에 미치는 영향:

'기대'를 중심으로,"『광고연구』, 57: 31-52.

안승철(1996), "충동구매 소비자의 구매행위와 심리적 특성에 관한 연구,"『대한가정학회지』, 24(4): 1-19.

양문희(2016), "인터넷 쇼핑 충동구매성향과 개인성향의 관계 연구,"『한국콘텐츠학회논문지』, 16(5): 710-719.

양성목・김형길(2019), "모바일 충동구매와 구매 후 만족에 영향을 미치는 요인에 관한 연구,"『인터넷전자상거래연구』, 19(1): 307-330.

오희선(2016), "충동구매성향이 쇼핑중독과 쇼핑만족에 미치는 영향,"『조형미디어학』, 19(2): 167-173.

유민봉・심형인・홍혜숙(2011), "체면의식이 조직행태에 미치는 영향 연구,"『한국인사행정학회보』, 10(3): 121-143.

유창조・안광호・박성휘(2011), "온라인 구전정보가 소비자 구매의도에 미치는 영향에 대한 실증연구-제품관여도, 조절초점, 자기효능감의 조절효과를 중심으로,"『한국마케팅학회』, 13(3): 209-231.

유창조・안광호・방선이(2009), "온라인 구정정보 방향성과 동의수준이 소비자평가에 미치는 영향: 웹 사이트 상에서의 실험설계를 중심으로,"『소비자문화연구』, 12(4): 27-46.

이경근(2014), "상사의 부하에 대한 체면손상행동이 부하의 사회경제성과 일탈행동에 미치는 영향,"『대한경영학회지』, 27(5): 751-773.

이명현・이형룡(2013), "골프참여자의 체면민감성과 소비성향의 관계에서 성별과 골프실력의 조절효과에 대한 연구,"『호텔경영학연구』, 22(5): 61-82.

이병관(2012), "골프소비자의 체면중시에 따른 과시소비성향이 명품선호도 및 명품구매의도에 미치는 영향,"『한국체육과학회지』, 21(4): 635-644.

이병관(2014), "골프 고객의 체면민감성과 명품선호도, 명품구매의도와의 구조적 관계,"『관광레저연구』, 26(1): 339-356.

이상빈・안우식(1990), "구매 관여자 특성의 탐구,"『사회과학연구』, 17: 117-138.

이상희・김일호(2013), "웨딩 소비자의 체면민감성과 과시소비성향의 영향,"『외식경영연구』, 16(2): 163-186.

이석재・최상진(2001), "체면지향행동의 이원구조모델 검증,"『한국심리학지』, 15(2): 65-83.

이수지・김인숙(2010), "청소년 스포츠용품 구매의 지각된 서비스 속성 및 충동구매, 고객만족과의 관계분석: 오프라인 쇼핑몰과 온라인 쇼핑몰을 대상으로,"『한국체육교육학회지』, 15(4): 199-214.

이용규・정석환(2006), "한국적 토착 심리가 조직 구성원의 혁신행동에 미치는 영향,"『한국행정학연구』, 15(1): 33-70.

이유재(2000), "고객만족 연구에서 관한 종합적 고찰,"『소비자학연구』, 11(3): 139-166.

이유재·라선아(2003), "서비스 품질의 각 차원이 CS에 미치는 상대적 영향에 대한여구,"『마케팅연구』, 18(4): 67-97.

이유재·이준엽(2001), "서비스 품질의 측정과 기대효과에 대한 재고찰: KS-SQI모형의 개발과 적용,"『마케팅연구』, 16(1): 1-26.

이은진(2011), "인터넷 패션 소비자의 충동구매성향이 긍정적, 부정적 구매행동에 미치는 영향,"『한국의류산업학회지』, 13(4): 511-522.

이 철·장대련(1994), "한국·아랍 소비자 구매의사결정에 관한 비교문화 연구, Fishbein Behavioral Intention Model을 중심으로,"『소비자학연구』, 5(1): 115-133.

이충원·김효창(2006), "체면민감성, 자아존중감, 사회적 불안이 불확실성 회피에 미치는 영향,"『한국심리학회지: 사회 및 성격』, 20(3): 17-30.

이태민·박철(2006), "온라인 구전정보의 방향성과 유형이 구매영향력에 미치는 효과: 한국과 미국의 국제비교,"『마케팅연구』, 21(1): 29-56.

이학식(1991), "정서적 반응이 광고효과에 미치는 영향,"『경영학연구』, 21(1): 345-378.

이홍미·김태형·이지환(2019), "중국 골프용품 소비자의 체면민감성이 구매만족과 브랜드 태도에 미치는 영향,"『한국체육과학회지』, 28(1): 667-677.

임동섭·최동오·윤철호(2018), "온라인 쇼핑에서 매장특성이 고객의 충동구매 유형에 미치는 영향에 관한 연구,"『e-비즈니스연구』, 19(2): 25-42.

전상민(2013), "패션제품의 크로스패널 소비자만족에 대한 연구-기대불일치 이론을 바탕으로,"『한국심리학회: 소비자광고』, 14(4): 629-653.

전상민(2018), "소비생활여건, 소비자역량, 소비자시장평가가 소비생활만족에 미치는 영향력에 대한 연구,"『소비자문제연구』, 49(2): 77-110.

전상택·이형주(2012), "인터넷 쇼핑몰에서 서비스품질 및 쇼핑흥미도와 충동구매 간에 소비감정의 매개역할에 관한 연구,"『인터넷전자상거래연구』, 12(2): 205-230.

전종근·이태민·박철(2013), "모바일 상거래 서비스 특성이 충동구매와 후회에 미치는 영향: 소비자 지식의 조절효과를 중심으로,"『소비자학연구』, 24(1): 179-196.

진대건·유소이(2006), "소비자의 체면민감성과 아웃도어웨어 구매행동 연구-과시소비의 매개효과,"『패션비즈니스』, 10(2): 14-26.

정명선 · 김혜진(2009), "체면민감성, 과시소비성향, 패션 명품선호도가 패션 명품 복 제품의 구매 행동에 미치는 영향,"『복식문화연구』, 17(2): 189-202.

조승호 · 조상훈(2015), "체면민감성이 소비자의 브랜드 로고 사이즈 선택에 미치는 영향,"『한국콘텐츠학회』, 15(7): 500-510.

최명규(1994), "제품평가에 있어서의 제조국 효과에 영향을 미치는 변수에 관한 연구: 제품-제조국 이미지 일치, 소비자 자기만족 중심주의, 제품 관여도를 중심으로,"『소비자학연구』, 5(2): 17-32.

최상진(2004), "한국인의 사회심리학,"『한국심리학회지』, 2: 151-162.

최상진 · 김기범(2000), "체면의 심리적 구조,"『한국심리학회지』, 14(1): 185-202.

최상진 · 유승엽(1992), "한국인이 체면에 대한 사회심리학적 한 분석,"『한국심리학 회지』, 6(2): 137-157.

최상진 · 최인재(1999), "정, 체면이 스트레스에 미치는 영향,"『한국심리학회지:건강』, 4(1): 41-56.

최 진 · 이지환 · 정아람 · 김태현(2018), "야구용품소비자의 체면민감성에 구매만족 과 브랜드 태도에 미치는 영향,"『한국체육학회』, 27(2): 585-596.

나. 외국어 자료

Anderson, Eugene W., Fornell. Claes. and Donald R. Lehmann. 1994. "Customer Satisfaction, Market Share, and Profitability: Findings from Sweden." *Journal of Marketing* 58(3):53-66.

Anderson, Rolph E. 1973. "Consumer Dissatisfaction: The Effect of Disconfirmed Expectancy on Perceived Product Performance." *Journal of Marketing Research* 10(1):38-44.

Antil, John H. 1984. "Conceptualization and Operationalization of Involvement." *Advances in Consumer Research* 11(1):203-209.

Baron, Reuben M. and David A. Kenny. 1986. "The Moderator-Mediator Variable Distinction in Social Psychological Research: Conceptual, Strategic, and Statistical Considerations." *Journal of Personality and Social Psychology* 51(6): 1173-1182.

Belk, Russell W. 1988. "Possessions and the Extended Self." *Journal of Consumer Research* 15(2):139-168.

Bloch, Peter H. 1982. "Involvement Beyond the Purchase Process: Conceptual Issues and Empirical Investigation." *Advances in Consumer Research* 9(1):413-417.

Brown, Penelope Y. and Stephen C. Levinson. 1987. "Politeness: Some Universals in Languages usage." Cambridge, Cambridge University Press.

Cronin, Joseph J. and Taylor, Sreven A. 1992. "A Re-examination and Extension." *Journal of Marketing* 56(3):55-68.

Dittmar, Helga. and Drury. John. 2000. "Self-Image-Is It in the Bag? A Qualitative Comparison between 'Ordinary' and 'Excessive' Consumers." *Journal of Economic Psychology* 21(2):109-142.

Engel, James F. and Roger D. Blackwell. 1982. "Consumer Behavior." NY: Holt, Rinehart and Winston.

Engel, James F. and Roger D. Blackwell. and Paul W. Miniard. 1990. "Consumer Behavior. 6th ed." The Dryden Press, Orlando Florida, 29.

Field, Andy. 2000. "Discovering Statistics Using SPSS for Windows." SAGE: Thousand Oaks, CA.

Formell, Claes., Michael D. Johnson., Eugene W. Anderson., Jaesung. Cha. and Barbara E. Bryant. 1996. "The American Customer Satisfaction Index: Nature, Purpose, and Findings." *Journal of Marketing* 60(4):7-18.

Gardner, Meryl P. and Dennis W. Rook. 1988. "Effects of Impulse Purchases on Consumer's Affective States." *Advances in Consumer Research* 15:127-130.

Gilly, Mary C. and Richard W. Hansen. 1985. "Consumer Complaint Handing as a Strategic Marketing Tool." *Journal of Consumer Marketing* 2(4):5-16.

Goodman, Elizabeth., Lawrence M. Dalon., John A. Morrison. and Stephen R. Daniels. 2005. "Factor Analysis of Clustered Cardiovascular Risks in Adolescence: Obesity Is the Predominant Correlate of Risk Among Youth." *Circulation* 111:1970-1977.

Hausman, Angela. 2000. "A Multi-method Investigation of Consumer Motivations in Impulse Buying Behavior." *Journal of Consumer Marketing* 17(5):403-426.

Herabadi, Astrid G., Bas Verplanken. and Ad Van Knippenberg. 2009. "Consumption Experience of Impulse Buying in Indonesia: Emotional Arousal and Hedonistic Considerations." *Asian Journal of Social Psychology* 12(1):20-31.

Heilman, Carrir M., Kent. Nakamoto. and Ambar G. Rao. 2002. "Pleasant Surprises: Consumer Response to Unexpected In-Store Coupons." *Journal of Marketing Research* 56(2):242-252.

Hofstede, Geert. 1995. "Cultures and Organizations." Software of the Mind, Mcgraw-Hill Companies.

Holbrook, Morris B. and Meryl P. Gardner. 2000. "Illustrating a Dynamic Model of the Mood-updating Process in Consumer Behavior." *Psychology and Marketing* 17(3):165-194.

Howard, John A. and Jagdish N. Sheth. 1969. "The Theory of Buyer Behavior." John Wiley, New York: 12-15.

Hunt, Keith H. 1977. "Customers Satisfaction/Dissatisfaction-Overview and Future Directions, in Hunt, K. H. Conceptualization and Measurement of Customer Satisfaction and Dissatisfaction." *Marketing Science Institute*, Cambridge, MA, 71-109.

Johnson, Michael D. and Claes. Fornell. 1991. "A Framework for Comparing Customer Satisfaction across Individuals and Product Categories." *Journal of Economic Psychology* 12(2):267-286.

Jones, Michael A., Kristy E. Reynolds., Seungoog. Weun. and Shaton E. Beatty. 2003. "The Product-specific Nature of Impulse Buying Tendency." *Journal of Business Research* 56(7):505-511.

Kardes, Frank R., Steven S. Posavac. and Maria L. Cronley. 2004. "Consumer Inference: A Review of Processes, Bases, and Judgment Contexts." *Journal of Consumer Psychology* 14(3):230-256.

Kassarjian, Harold H. 1981. "Low Involvement: A Second Look." *Advances in Consumer Research* 8(1):31-34.

Kollat, David T. and Ronald P. Willett. 1967. "Consumer Impulse Purchasing Behavior." *Journal of Marketing Research* 4(1):21-31.

Landman, Janet. 1987. "Regret: A Theoretical and Conceptual Analysis." *Journal for the Theory of Social Behavior* 17(2):135-160.

Loomes, Graham. and Sugden. Robert. 1982. "Regret Theory: An Alternative Theory of Rational Choice under Uncertainty." *Economic Journal* 92(368):805-824.

Malter, Alan J. 1996. "An Introduction to Embodied Cognition: Implication for Consumer Research." *Advances in Consumer Research* 23:272-276.

Oliver, Richard L. 1980. "A Cognitive Model of the Antecedents and Consequences of Satisfaction Decisions." *Journal of Marketing Research* 17(4):460-469.

Oliver, Richard L. 1997. "Satisfaction: A Behavioral Perspective on the Customer." Mc-GrawHill: New York.

Oliver, Richard L. and John E. Swan. 1989. "Consumer Perceptions of Interpersonal Equity and Satisfaction in Transactions: A Field Survey Approach." *Journal of*

Marketing 53(2): 21-35.

Oliver, Richard L. and Wayne S. Desarbo. 1988. "Response Determinants in Satisfaction Judgments." *Journal of Consumer Research* 14(4):495-507.

Parboteeah, Veena D., Joseph S. Valacich. and John D. Wells. 2009. "The Influence of Website Characteristics on a Consumer's Urge to Buy Impulsively." *Information Systems Research* 20(1): 60-78.

Petty, Richard E. and John T. Cacioppo. 1986. "The Elaboration Likelihood Model of Persuasion." *Advances in Experimental Social Psychology* 19: 123-205.

Piron, Francis. 1991. "Defining Impulse Purchasing." *Advance in Consumer Research* 18:509-514.

Rook, Dennis W. 1987. "The Buying Impulsive." *Journal of Consumer Research* 14(2): 189-199.

Rook, Dennis W. and Stephen J. Hoch. 1985. "Consuming Impulses." *Advances in Consumer Research* 12(1):23-27.

Sherif, Muzafer. and Hadley. Cantril. 1947. "The Psychology of Ego-involvements: Social Attitudes and Identification." New York, Willey, 527.

Smith, Adam. 1937. "The Wealth of Nations." New York, The Modern Library.

Stern, Hawkins. 1962. "The Significance of Impulse Buying Today." *Journal of Marketing* 26(2):46-49.

Tse, David K. and Peter C. Wilton. 1988. "Models of Consumer Satisfaction: An Extension." *Journal of Marketing Research* 25(2):204-212.

Weinberg, Peter. and Wolfgang. Gottwald. 1982. "Impulsive Consumer Buying as a Result of Emotions." *Journal of Business Research* 10(1):43-57.

Westbrook, Robert A. and Richard L. Oliver. 1991. "The Dimensionality of Consumption Emotion Patterns and Consumer Satisfaction." Journal of Consumer Research 18(1):84-91.

Zaichkowsky, Judith L. 1985. "Measuring the Involvement Construct." *Journal of Consumer Research* 12(3):341-352.

부록

〈부록 1〉 설문지(제품관여도)

- 제품관여도는 특정제품에 대한 개인적 중요성이나 관련성의 수준이다.
- 아래의 문항을 읽고 귀하의 생각과 가장 일치하는 곳에 √ 표시를 해 주십시오.

Q1: 아래 제품은 귀하에게 중요하다고 생각하십니까?						
NO	질문	전혀 그렇지 않다	그렇지 않다	보통 이다	그렇다	매우 그렇다
1	노트북	①	②	③	④	⑤
2	시계	①	②	③	④	⑤
3	가방	①	②	③	④	⑤
4	생수	①	②	③	④	⑤
5	치약	①	②	③	④	⑤
6	휴대폰	①	②	③	④	⑤
7	청바지	①	②	③	④	⑤
8	양말	①	②	③	④	⑤
9	USB	①	②	③	④	⑤
10	볼펜	①	②	③	④	⑤

Q2: 아래 제품은 귀하와 관련이 있다고 생각하십니까?						
NO	질문	전혀 그렇지 않다	그렇지 않다	보통 이다	그렇다	매우 그렇다
1	노트북	①	②	③	④	⑤
2	시계	①	②	③	④	⑤
3	가방	①	②	③	④	⑤
4	생수	①	②	③	④	⑤
5	치약	①	②	③	④	⑤
6	휴대폰	①	②	③	④	⑤
7	청바지	①	②	③	④	⑤
8	양말	①	②	③	④	⑤
9	USB	①	②	③	④	⑤
10	볼펜	①	②	③	④	⑤

〈부록 2〉 설문지(휴대폰)

1. 귀하는 휴대폰을 구매 해본 경험이 있습니까?	
☐ 있습니다 (설문계속)	☐ 없습니다 (설문중지)

2. 구매하신 휴대폰이 귀하에게 중요한 정도에 관한 질문입니다.

	질문	매우 낮다	⇐	보통	⇒	매우 높다
1	나에게 중요하다	①	②	③	④	⑤
2	나에게 유용하다	①	②	③	④	⑤
3	나에게 필요하다	①	②	③	④	⑤
4	나와 관련이 있다	①	②	③	④	⑤

3. 구매하신 휴대폰을 사용할 때 다른 사람의 시선을 의식하는 정도에 관한 질문입니다.

	질문	매우 낮다	⇐	보통	⇒	매우 높다
1	내 휴대폰에 대해 상대방이 어떻게 생각하는가에 대해 민감한 편이다	①	②	③	④	⑤
2	내 휴대폰이 다른 사람에게 어떻게 비칠까 염려하는 편이다	①	②	③	④	⑤
3	내 휴대폰에 대해 다른 사람이 어떻게 평가할지 의식한다	①	②	③	④	⑤
4	나는 휴대폰을 사용할 때, 남의 시선을 의식하는 편이다	①	②	③	④	⑤

4. 구매하신 휴대폰을 사용할 때 예절을 중시하는 정도에 관한 질문입니다.

	질문	매우 낮다	⇐	보통	⇒	매우 높다
1	나는 비싼 휴대폰을 사용하면 상대방에게 격식을 갖췄다고 생각한다	①	②	③	④	⑤
2	나는 비싼 휴대폰을 사용하면 다른 사람의 눈길을 끌 수 있다고 생각한다	①	②	③	④	⑤
3	나의 휴대폰이 고가일수록 다른 사람에게 나의 품위가 높아질 것이라 생각한다	①	②	③	④	⑤
4	나의 겉모습을 위해 더 비싼 휴대폰을 사용한다	①	②	③	④	⑤

5. 구매하신 휴대폰을 사용할 때 부끄러움이나 창피함을 느끼는 정도에 관한 질문입니다.

	질문	매우 낮다	⇐	보통	⇒	매우 높다
1	나는 저렴한 휴대폰을 사용하면 다른 사람들한테 창피하다는 생각을 가진다	①	②	③	④	⑤
2	비싼 휴대폰을 사용하는 사람들 앞에서 내가 저렴한 휴대폰을 사용한다면 당혹스러울 것이라 생각한다	①	②	③	④	⑤
3	비싼 휴대폰을 사용하는 사람들 앞에서 내가 저렴한 휴대폰을 쓴다면 망신을 당하는 것이라 생각한다	①	②	③	④	⑤

4	비싼 휴대폰을 사용하는 사람들 앞에서 내가 저렴한 휴대폰을 사용한다면 부끄럽다는 생각을 가진다	①	②	③	④	⑤

6. 귀하께서 휴대폰의 좋은 품질이나 성능 등에 자극을 받아 즉흥적으로 구매한 상황에 관한 질문입니다.

	질문	매우 낮다	⇐	보통	⇒	매우 높다
1	휴대폰에 대한 사전지식 없이 갑자기 구매하고 싶은 마음이 생겨 계획 없이 구매한 경험이 있다	①	②	③	④	⑤
2	휴대폰에 대한 사전지식 없이 갑자기 필요성을 느껴 계획 없이 구매한 경험이 있다	①	②	③	④	⑤
3	휴대폰에 대한 사전지식 없이 품질, 성능이 좋을 것 같아 계획 없이 갑자기 구매한 경험이 있다	①	②	③	④	⑤
4	휴대폰에 대한 사전지식 없이 나중에 사용 가능할 것이라 생각되어 갑자기 계획 없이 구매한 경험이 있다	①	②	③	④	⑤

7. 귀하께서 휴대폰의 <u>가격할인, 사은품</u> 등에 자극을 받아 즉흥적으로 구매한 상황에 관한 질문입니다.

	질문	매우 낮다	⇐	보통	⇒	매우 높다
1	가격할인에 영향을 받아 갑자기 계획 없이 휴대폰을 구매한 경험이 있다	①	②	③	④	⑤
2	사은품 증정에 영향을 받아 갑자기 계획 없이 휴대폰을 구매한 경험이 있다	①	②	③	④	⑤
3	현재 나의 경제사정에서 휴대폰 구입이 가능하다고 생각되어 갑자기 계획 없이 구매한 경험이 있다	①	②	③	④	⑤

8. 귀하께서 휴대폰에 대한 <u>사려고 했던 기억, 광고</u> 등에 자극을 받아 즉흥적으로 구매한 상황에 관한 질문입니다.

	질문	매우 낮다	⇐	보통	⇒	매우 높다
1	광고 및 홍보정보가 떠올라 갑자기 계획 없이 휴대폰을 구매한 경험이 있다	①	②	③	④	⑤
2	나는 휴대폰을 보고 그 휴대폰을 구입하려던 생각이 떠올라 계획 없이 구매한 경험이 있다	①	②	③	④	⑤
3	나는 휴대폰을 보고 그 휴대폰이 없어서 못 샀던 생각이 떠올라 계획 없이 구매한 경험이 있다	①	②	③	④	⑤
4	이전에도 똑같은 휴대폰을 구매했던 사실이 떠올라 계획 없이 구매한 경험이 있다	①	②	③	④	⑤

9. 귀하께서 휴대폰의 <u>독특성이나 신기함</u> 등에 자극을 받아 즉흥적으로 구매한 상황에 관한 질문입니다.

	질문	매우 낮다	⇐	보통	⇒	매우 높다
1	휴대폰이 독특하다고 생각되어 계획 없이 구매한 경험이 있다	①	②	③	④	⑤
2	휴대폰을 보고 갑자기 마음에 끌려 계획 없이 구매한 경험이 있다	①	②	③	④	⑤
3	나는 신기한 휴대폰을 발견하고 계획 없이 구매한 경험이 있다	①	②	③	④	⑤
4	나는 흥미 있는 휴대폰을 발견하여 계획 없이 구매한 경험이 있다	①	②	③	④	⑤

10. 귀하께서 본인의 휴대폰을 <u>구매 후 평가</u>에 관한 질문입니다.

	질문	매우 낮다	⇐	보통	⇒	매우 높다
1	나는 휴대폰을 구매한 것에 대해 전반적으로 만족스럽다	①	②	③	④	⑤
2	나는 원하던 휴대폰을 저렴하게 구매를 하였기 때문에 기분이 좋아졌다	①	②	③	④	⑤
3	나는 휴대폰을 구매한 것이 현명한 일이라고 생각한다	①	②	③	④	⑤
4	나는 휴대폰을 구매한 것이 옳았다는 확신을 한다	①	②	③	④	⑤
5	나는 구매한 휴대폰에 대해 만족한다	①	②	③	④	⑤

11. 아래 각 문항에 대해 답 해주십시오.			
질문			
1	귀하의 성별은?	남성	여성
		①	②
2	귀하의 연령은?	(세)	
3	귀하의 학력은?	① 고졸 이하	
		② 대재 혹은 대졸	
		③ 대학원 이상	
4	귀하의 평균 용돈은?	① 30만원 미만	
		② 30만원 이상 50만원 미만	
		③ 50만원 이상 70만원 미만	
		④ 70만원 이상 90만원 미만	
		⑤ 90만원 이상	

〈부록 3〉설문지(시계)

1. 귀하는 <u>시계를</u> 구매 해본 경험이 있습니까?	
□ 있습니다 (설문계속)	□ 없습니다 (설문중지)

2. 구매하신 시계가 귀하에게 <u>중요한 정도</u>에 관한 질문입니다.

	질문	매우 낮다	⇐	보통	⇒	매우 높다
1	나에게 중요하다	①	②	③	④	⑤
2	나에게 유용하다	①	②	③	④	⑤
3	나에게 필요하다	①	②	③	④	⑤
4	나와 관련이 있다	①	②	③	④	⑤

3. 구매하신 시계를 사용할 때 <u>다른 사람의 시선을 의식하는 정도</u>에 관한 질문입니다.

	질문	매우 낮다	⇐	보통	⇒	매우 높다
1	내 시계에 대해 상대방이 어떻게 생각하는가에 대해 민감한 편이다	①	②	③	④	⑤
2	내 시계가 다른 사람에게 어떻게 비칠까 염려하는 편이다	①	②	③	④	⑤
3	내 시계에 대해 다른 사람이 어떻게 평가할지 의식한다	①	②	③	④	⑤
4	나는 시계를 사용할 때, 남의 시선을 의식하는 편이다	①	②	③	④	⑤

4. 구매하신 시계를 사용할 때 예절을 중시하는 정도에 관한 질문입니다.

질문	매우 낮다	⇐	보통	⇒	매우 높다
1	나는 비싼 시계를 사용하면 상대방에게 격식을 갖췄다고 생각한다	①	②	③	④	⑤
2	나는 비싼 시계를 사용하면 다른 사람의 눈길을 끌 수 있다고 생각한다	①	②	③	④	⑤
3	나의 시계가 고가일수록 다른 사람에게 나의 품위가 높아질 것이라 생각한다	①	②	③	④	⑤
4	나의 겉모습을 위해 더 비싼 시계를 사용한다	①	②	③	④	⑤

5. 구매하신 시계를 사용할 때 부끄러움이나 창피함을 느끼는 정도에 관한 질문입니다.

질문	매우 낮다	⇐	보통	⇒	매우 높다
1	나는 저렴한 시계를 사용하면 다른 사람들한테 창피하다는 생각을 가진다	①	②	③	④	⑤
2	비싼 시계를 사용하는 사람들 앞에서 내가 저렴한 시계를 사용한다면 당혹스러울 것이라 생각한다	①	②	③	④	⑤
3	비싼 시계를 사용하는 사람들 앞에서 내가 저렴한 시계를 쓴다면 망신을 당하는 것이라 생각한다	①	②	③	④	⑤
4	비싼 시계를 사용하는 사람들 앞에서 내가 저렴한 시계를 사용한다면 부끄럽다는 생각을 가진다	①	②	③	④	⑤

6. 귀하께서 시계의 좋은 품질이나 성능 등에 자극을 받아 즉흥적으로 구매한 상황에 관한 질문입니다.

질문		매우 낮다	⇐	보통	⇒	매우 높다
1	시계에 대한 사전지식 없이 갑자기 구매하고 싶은 마음이 생겨 계획 없이 구매한 경험이 있다	①	②	③	④	⑤
2	시계에 대한 사전지식 없이 갑자기 필요성을 느껴 계획 없이 구매한 경험이 있다	①	②	③	④	⑤
3	시계에 대한 사전지식 없이 품질, 성능이 좋을 것 같아 계획 없이 갑자기 구매한 경험이 있다	①	②	③	④	⑤
4	시계에 대한 사전지식 없이 나중에 사용 가능할 것이라 생각되어 갑자기 계획 없이 구매한 경험이 있다	①	②	③	④	⑤

7. 귀하께서 시계의 가격할인, 사은품 등에 자극을 받아 즉흥적으로 구매한 상황에 관한 질문입니다.

질문		매우 낮다	⇐	보통	⇒	매우 높다
1	가격할인에 영향을 받아 갑자기 계획 없이 시계를 구매한 경험이 있다	①	②	③	④	⑤
2	사은품 증정에 영향을 받아 갑자기 계획 없이 시계를 구매한 경험이 있다	①	②	③	④	⑤
3	현재 나의 경제사정에서 시계 구입이 가능하다고 생각되어 갑자기 계획 없이 구매한 경험이 있다	①	②	③	④	⑤

8. 귀하께서 시계에 대한 <u>사려고 했던 기억</u>, 광고 등에 자극을 받아 즉흥적으로 구매한 상황에 관한 질문입니다.

질문		매우 낮다	⇐	보통	⇒	매우 높다
1	광고 및 홍보정보가 떠올라 갑자기 계획 없이 시계를 구매한 경험이 있다	①	②	③	④	⑤
2	나는 시계를 보고 그 시계를 구입하려던 생각이 떠올라 계획 없이 구매한 경험이 있다	①	②	③	④	⑤
3	나는 시계를 보고 그 시계가 없어서 못 샀던 생각이 떠올라 계획 없이 구매한 경험이 있다	①	②	③	④	⑤
4	이전에도 똑같은 시계를 구매했던 사실이 떠올라 계획 없이 구매한 경험이 있다	①	②	③	④	⑤

9. 귀하께서 시계의 <u>독특성이나 신기함</u> 등에 자극을 받아 즉흥적으로 구매한 상황에 관한 질문입니다.

질문		매우 낮다	⇐	보통	⇒	매우 높다
1	시계가 독특하다고 생각되어 계획 없이 구매한 경험이 있다	①	②	③	④	⑤
2	시계를 보고 갑자기 마음에 끌려 계획 없이 구매한 경험이 있다	①	②	③	④	⑤
3	나는 신기한 시계를 발견하고 계획 없이 구매한 경험이 있다	①	②	③	④	⑤
4	나는 흥미 있는 시계를 발견하여 계획 없이 구매한 경험이 있다	①	②	③	④	⑤

10. 귀하께서 본인의 시계를 구매 후 평가에 관한 질문입니다.

질문		매우 낮다	⇐	보통	⇒	매우 높다
1	나는 시계를 구매한 것에 대해 전반적으로 만족스럽다	①	②	③	④	⑤
2	나는 원하던 시계를 저렴하게 구매를 하였기 때문에 기분이 좋아졌다	①	②	③	④	⑤
3	나는 시계를 구매한 것이 현명한 일이라고 생각한다	①	②	③	④	⑤
4	나는 시계를 구매한 것이 옳았다는 확신을 한다	①	②	③	④	⑤
5	나는 구매한 시계에 대해 만족한다	①	②	③	④	⑤

11. 아래 각 문항에 대해 답 해주십시오.

	질문		
1	귀하의 성별은?	남성 ①	여성 ②
2	귀하의 연령은?	(세)	
3	귀하의 학력은?	① 고졸 이하 ② 대재 혹은 대졸 ③ 대학원 이상	
4	귀하의 평균 용돈은?	① 30만원 미만 ② 30만원 이상 50만원 미만 ③ 50만원 이상 70만원 미만 ④ 70만원 이상 90만원 미만 ⑤ 90만원 이상	

〈부록 4〉 체면민감성에 관한 선행연구 자료 정리

년도	출처	주요관점
1955	Goffman	자신의 이미지가 사회적으로 표현되어 타인들로 하여금 자신을 좋게 인식하도록 하여 자신이 좋게 보이도록 타인과 공유하는 이미지로 정의되는 체면(Goffman, 1955)은 자신의 이미지를 긍정적으로 표현하고자 하는 감정과 관련이 있다.(78)
1959	Goffman	서양인의 체면(face)은 사회적 체면보다는 자기 완성적 욕구에 기초한 인격적 체면에 가까운 체면이며, 이는 대인상호작용 속에서 만들고, 고치고, 조정하는 공구성적 체면의 성격이 강하다.(45) 서양의 체면이 자아를 중심으로 한 자신의 이미지관리차원이라면(Goffman, 1967; Brown & Levinson, 1987) 동양의 체면은 자신뿐만 아니라 타인과의 관계와 처한 상황에 따라 자신이 보여주거나 지켜야 할 체면으로 설명된다.(이병권, 2012)
1965/ 1990	윤태림 전병준	체면은 한국의 사회심리학적 특성으로 이해하는 논의가 일찍이 시도되어 왔으며, 주로 사회심리학 분야와 문화심리학 분야를 중심으로 연구가 이루어져 왔다. (5)
1975/ 1977/ 1985	Apsler Browm Edelman	미국에서 1950년대에 들어 Goffman(1955)(26)이 체면에 대한 서양식 해석을 시도한 이래로, 체면에 대한 다양한 연구가 이루어져 왔다.(25)
1976/ 1983/ 1987	Ho Hsu Brown	체면은 사전적으로 남을 대하기에 떳떳한 도리나 얼굴로 정의되며, 본래 한국인만이 가지고 있는 한국문화 특유의 현상은 아니고, 동양과 서양을 막론하고

		다양한 문화권에 보편적으로 존재하는 개념이라고 볼 수 있다.(21)
	Levinson	체면이 사회적으로 중요한 심리변수로 작용하는 현상은 우리문화만의 특유한 현상만은 아니며 동, 서양 문화권을 막론이고 보편적으로 존재하는 현상이라고 볼 수 있다.
1976 1980	Stover Stover Bloddworth	체면을 중시하는 것은 대인관계에 대한 보편적인 현상이며, 서구에 비해 유교문화권인 동양에서 더 강조되고 있다.(23)
1981	Mason	지위를 나타내는 상품들을 고가의 가격으로 구매할 수 있는 능력을 다른 사람에게 과시하려는 욕망에 의해 행해지는 것으로, 제품의 경제적, 생리적 효용에서라기보다는 사회적인 자극을 통해 이루어진다고 하였다.(48)
1984	Manson	체계화된 과시소비를 "지위를 현시하는 상품을 고가로 구입할 수 있는 능력을 타인에게 과시하려는 욕구에 의해 행해지는 것"으로 정의하고 있다.(81)
1986	윤태림	한국인이 다른 나라 사람보다는 체면을 중시한다고 주장하였다.(95)
1987	Brown Levinson	체면을 유지하려는 욕구는 모든 문화권에서 나타나는 현상으로, 자신의 체면(social-face)을 보호받고 싶어하고, 자신의 체면이 손상되는 것에 저항하려는 욕구를 가진다.(44) 체면에 대한 욕구는 모든 문화권에서 나타나는 현상으로서 자신의 체면을 보호받고 싶어 하고, 자신의

		체면이 손상되는 것에 저항하려는 욕구를 가진다고 하였다.
1987 1989	윤태림 최재석	한국 사람들의 일상에서 체면은 매우 친숙하고 흔히 사용되어 왔기 때문에, 체면을 한국의 사회심리학적 특성으로 이해하는 논의가 일찍이 시도되어 왔다.(19)
1988	Labarbera	제품의 경제적, 기능적인 효율성보다는 사회적, 상징적인 의미를 중시하여 다른 사람에게 제품 소유자 자신의 인상을 심어주기 위해 제품을 소비하는 것을 과시적 소비성향이라고 하였다, 즉, 자신의 신분이나 위신, 지위에 대한 타인의 평가를 중요시 하는 골프참여자는 남에게 잘 보이기 위해 고가의 제품을 과시적으로 구매하거나 충동적으로 제품이나 서비스를 구매한다고 해석할 수 있다. 또한 타인이 구매한 제품이나 서비스에도 관심을 가지며, 그 와 같은 제품이나 서비스를 구매하려는 성향을 보인다고 할 수 있다.(41)

준거집단에 영향을 받은 추종 소비와 비계획적 소비는 상품의 경제적 차원보다는 사회적인 차원에 더 영향을 받으므로 소비자는 고가격과 명성이 있는 상품을 구입하게 된다. |
| 1988 | Lee | "체면"이 한국인의 소비자 행동에 미치는 영향을 다룬 Lee(1988)의 연구는 옷이나 시계 같은 구매자의 사회적 지위를 나타내는 제품 구매에 있어서는 유명상표에 대해 높은 선호도를 나타내게 된다는 것을 보여준다.(61)
한국의 소비자들이 각각의 사회적 신분에 맞는 소비 패턴에 대한 고정 관념을 가지고 있으며, 자신의 체 |

		면을 지키기 위해서 암묵적인 사회적 규범을 따르려는 강한 동기가 한국인의 소비행동에 존재한다고 결론지었다. 체면은 우리나라 생활 전반에 걸쳐서 영향을 미치는 문화적인 요인으로, 소비상황에서도 상당한 영향을 미친다.
1990	Leary Kowalski	사람은 타인을 의식하며 자신의 인상관리 행동의 주요 동기 중 하나가 자아존중감이라고 설명함으로써 자아존중감이 체면민감성과 과시적소비성향의 관계를 매개하는 요인임을 밝히고 있다.(67)
1991	Bond 유민봉 외	한국의 체면에 해당하는 서양의 용어는 face라고 할 수 있지만, 얼굴이 함께 들어가는 유사성과는 달리 실제 개념 정의에서 차이가 있다. 서양에서는 face를 자아중심으로 정의하고 체면행위나 인상의 관리 등 스스로 이미지를 관리하는 차원에서 접근하지만, 한국에서 체면은 자아 중심적인 관점 뿐 아니라 타인과의 관계 및 처한 상황에 따라 스스로가 보여주거나 지켜야하는 역동적인 개념이라고 할 수 있다.(27)
1992	최상진 유승엽	사회적 계층이나 신분에 따라서 체면을 지키려는 정도는 변한다고 보고되고 있으며, 이는 사회적 신분이나 지위에 따라서 신분의식이 다르게 나타날 수 있다고 체면민감성 정도도 개개인의 지위나 계층에 따라 다를 수 있다.(11) 한국인의 체면이 대인관계에서 특히 중요한 역할과 기능을 하며, 이것은 "스스로 차리는 체면"과 "남이 세워주는 체면"으로 구별되어 나타난다. "스스로 차

리는 체면"은 자신의 지위나 신분을 의식해서 자신의 지위와 신분을 의식해서 자신의 지위와 신분에 걸맞은 향동 격식을 의도적으로 해 보이는 행동이다. 교수가 학생들과 함께 있을 때, 자신의 지위에 맞는 언행을 하기 위해 항상 조심스럽게 행동해야 하는 것도 차리는 체면의 한 가지 예이다. 반면에 "세워주는 체면은" 상대방을 위해서 행해지는 행동이다. 아줌마들이 상점에 구매하러 왔을 때, 판매원이 아줌마들에게 "사모님"이라고 높여서 불러주는 것은 세워주는 체면의 한 가지 예이다.

체면은 "표출된 자기"로서 사회적 자존심에 해당되면 사회적 규범과 행동 양식에 의해 통제되기 때문에 당위와 명분이 중시된다. 즉, 사회적 지위와 신분과 같은 외적 명분을 높여주는 행동이라고 할 수 있다.

사회나 조직에서 개인에 대한 평가가 능력차원에서 이루어지는 경우가 많고, 타인에게 투영된 자신의 능력을 어떻게 인식하는가에 따라서 체면은 많은 영향을 받을 수밖에 없기 때문이다.

한국인의 체면에는 사회적 의식성보다는 상황에 따르는 대처 행동으로서의 성격이 짙다고 하면서, 체면의 상황적인 영향력을 강조하였다. 따라서 상활적인 요인으로서 체면 또한 소비자 행동에 영향을 줄 수 있으며, 특히 비계획 구매에 영향을 미칠 수 있는 요인이 될 수 있을 것으로 보인다.
체면은 사회적 얼굴이라고도 불리기도 하며 사회적 자존심이라고도 불리기도 한다. 사회적 지위나 남들에게 내세울 것이 있는 사람들에게 체면이 더욱 중요하다는 것을 의미한다고 볼 수 있으며, 체면이 대인관계 상황에서 자신의 대우와 관련된 자존심을 말한다고 볼 수 있다.

체면은 대인관계 상황에서 자신에 대한 대우와 관련된 자존심이라고 설명하며 자아존중감이 높은 사람은 자신의 내적 가치가 타인과의 관계에서 인식되는 외적 평가에 의해 위협받을 수 있는 상황을 피할 것이라고 설명하고 있다.

체면은 자신의 지위나 명분을 타인에게 과시하려는 상황적 행동의 성격이 강한다는 전제하게, 상황과 관계에 따라 자신 또는 사실과 다르게 행동함으로써 자신이나 상대의 지위나 외적명분을 높여주는 행동의 과정 또는 현상이라고 정의할 수 있다.

체면에 민감한 사람들은 타인의 평가에 민감하며 자신의 내적인 이미지보다는 외적으로 보여주고 보여지는 이미지에 상당한 관심을 기울인다고 하는데 대해서는 체면의 구성요소에 따라 타인과의 관계맺음이 매우 중요하다고 볼 수 있다고 하였다.

체면은 신분지향적인 권위주의적 사회에서 볼 수 있는 중요한 현상이며, 자기과시성과 특권의식의 성격이 강하다고 할 수 있다. 여기서 특권의식이란 거드름을 피우는 행동을 지칭하면 자신의 지위를 외적인 지위상징물이나 지위상징행동을 통해 자신의 지위를 드러내 보이는 것이다.

1994	성영신	오늘날 예의 내용은 없어지고 형식만이 남아 상대방에게 자신의 경제적 수준을 무시당하지 않음으로 체면을 지키겠다는 소비행동이 일반화되고 있다고 하였다.(46)
		체면은 자기개념이 표출된 사회적 얼굴, 또는 사회적 자존심이라고 할 수 있으며 한국인의 행동에 영향을 미치는 주요한 요인으로 여겨진다. 특히 타인을 의식하는 성향인 체면은 제품의 소비 활동에도 영향을 미치는 것으로 나타났는데, 이처럼 사회적인 정체성과 체면을 유지하기 위해 소비하는 성형을 체면소비성향 혹은 체면민감성이라고 한다.

체면의 타인 의식적 측면은 타인의 평가를 이식하여 체면유지를 위해 행하는 겉치레라 하였다. |
| | | 사회적 관계를 중요하게 생각하는 사회적 동물인 인간들이 소속집단에서 소외되지 않기 위하여 남들이 많이 구매하거나 유행하는 제품을 소비하는 것을 체면소비라고 하였다.(79)

사회적 소비는 한국 문화에서 사회적 신분이나 지위에 상응하거나 지위나 신분을 과시하려는 혹은 타인의 기대에 부응하거나 타인을 의식하여 소비를 하는 체면 소비 형태로 분류하고자 했다. |
| 1995 | 나은영 | "체면"이라는 문화적 근원이 고급 혼수를 장만하는데 영향을 미친다고 설명하였다.(62) |
| 1995 | 최상진 진승범 | 체면을 중시하는 사람일수록 상대방이 자신을 낮추는 언행을 하면 대인간 호감이 높아지고 처벌의 정도도 |

		완화되는 것으로 나타났고, 체면 유지에 민감한 사람이 사회적 불안을 경험할 가능성이 크며, 특히 여성의 경우 그러한 가능성은 더 커진다.(68)
1996	김동호	소비성향에 대해 김동호(1996)는 사회성, 공익성, 충동성, 합리성, 효율성, 향유성의 6개 하위요인을 제시하였다. 사회성은 타인이나 체면을 의식하는 것이며, 공익성은 환경상품을 구입하거나 자원재활용 등 환경보호를 고려하는 것, 충동성은 자신의 개성을 나타내는 구매나 충동적, 또는 비계획적으로 구매하는 것, 합리성은 균형 있는 예산지출과 과소비 자제, 계획성 있는 구매를 하는 것, 효율성은 할인시기를 이용하거나 소유물을 효율적으로 이용하는 것, 그리고 향유성은 현재의 즐거움을 추구하는 것이다.
1997	최상진 박정렬 이장주	이른바 "우쭐댄다, 뻐긴다" 등의 심리적 위한을 얻게 되는 "우쭐심리" 경험을 과시체면의 일환으로 설명하였다.(91)
1997	주정희	소비자를 대상으로 한 연구에서 사회적 계급, 지위, 신분에 대한 의식이 소비행동을 결정하는데 가장 중요한 요인으로 작용한다고 언급하였다.(14) 주정희의 연구에서 보면 소비자가 행동을 결정하는 가장 중요한 요인이 그 소비자가 속해 있는 사회계급으로서 그 행동유형을 사회계급의 계급적 지위를 나타내는 지위의 상징이 되고 있다고 보는 견해가 지배적이다.
1998	Belk	강한 체면 의식성을 가진 소비자들은 자신의 이미지, 지위, 느낌 등을 표현하고자 하는 욕구 때문에 제품의 품질이나 가치 등의 내재적 속성 보다는 브랜드나

		품질 등의 외재적 속성에 더 관심을 둔다고 하였다. (66)
1998	최상진 김기범	체면은 서구에서 통용되어 온 사회적 얼굴을 의미한다. 이렇게 대인관계에서 타인에게 인정을 받고자 자신에 대한 인식을 토대로 공적으로 내세워지는 이미지 혹은 의도적으로 표출되는 자아상으로, 상대방에게 보여주거나 혹은 인식시키고자 하는 공적인 이미지인 사회적 자존심이다.(89)
1999	최상진 최인재	체면민감성에 대한 경험적 인과관계 분석을 최초로 시도하였는데, 체면을 창피의식성 체면, 자괴의식성 체면, 사회격식성 체면의 3가지 하위차원으로 구분하여 측정한 후, 체면민감성이 스트레스에 미치는 영향을 검증하였다.(31)
1999	최상진 양병창	자신이나 타인에게 일정 수준의 도덕적 인격을 갖추었다고 인정받기 위해 도리에 맞는 행위를 하거나 격식이나 형식을 갖추어 행동하는 의례적인 예에 대해 인격 품위욕구라고 명명한 바 있다.(90) 신분지위부착이라고 명명한 체면의 요소에서 사회적으로 인정된 사회적 지위나 신분을 대신하기 위해 자신의 부와 권위를 과시하거나, 허세를 부리거나, 혹은 사치나 과소비 등의 행동을 내보일 수 있다고 했다. 한국인의 체면과 관련된 기존 연구에서 대부분 타인의식의 요인을 부정적인 시각으로 보고 있는데 과시적, 권위적, 태도와 상위되는 표리부동 등이 대표적이다.
2000	최상진	체면을 최상진은 두 가지로 나누어 구분하고 있다.

		첫 번째는 지키는 체면으로 자신의 지위나 신분에 맞는 체면 행위형식을 따르는 것을 일컬으며 사회적 지위에 맞는 소비행위를 하여 체면을 지키려고 하는 성향이 강하다. 두 번째로 자신의 지위, 신분에 맞는 인격과 능력을 갖춘 사람임을 상대방에게 암시하기 위해 체면을 세우는 행태이다. 즉 남에게 자신의 능력이나 신분, 지위를 과시하려는 심리적 속성이 있음을 엿볼 수 있다.(43) 동양의 체면과 서양의 얼굴, 자기 개념을 비교하면서, 서양의 얼굴은 대인관계에서 자기에 대해서 타인이 형성하는 인상을 관리하려는 공구성적인 산물이며 자기중심의 것으로 보았고, 동양의 체면은 공구성적 특성을 가지고 있지만 특정 사회적 또는 문화적 맥락에서 공유되는 신분과 지위와 결부되는 사회적 속성을 갖는 것으로 보았다. 체면이 서구의 얼굴 또는 자기제시개념과 차이가 있음을 시사하는 연구 결과는 체면이 모든 사람에게 중요하게 인식되지 않는다는 점이다. 한국인의 전통적 의식구조 속에 지위와 신분이 높으면 인격과 능력이 더불어 높을 것이라고 보는 통념이 있다.
2000	최상진 김기범	한국 사람들에게 있어 체면은 개인 심리적 특성이면서 사회적 관계에서 나타나는 특성이다.(1) 기존의 체면욕구 연구에서 나타난 결과를 중심으로 체면민감성척도를 보다 정교하게 수정, 보완하였는데, 창피의식성은 남에 대한 평가에 민감하고, 남의 시선

을 의식하는 민감성을 의미한다. 그리고 자괴의식성은 위신과 부끄러움, 거절에 대한 걱정 등에 대한 정도이며, 사회격식성은 교양과 예절, 격식을 중요시하고 조심하는 정도이다.

우리나라의 "체면"은 서양의 그것과는 달리, 타인 의식적이고 신분지향적인 면을 중시하는 경향이 나타난다고 한다. 따라서 체면에 영향을 받은 소비행동은 타인에게 잘 보이고 싶어 하고 자신의 신분을 알리거나 높이려는 소비행동으로 나타날 수 있으므로, 체면으로 인한 비계획 구매는 상향소비의 형태로 나타날 것으로 예상할 수 있다.

한국사회의 경우 타인에 대한 민감성이 높아 사람들이 자신의 인격을 높이기 위해 상대방에게 자신을 과시하거나 상대방을 높여주는 행위인 체면행위를 중시하는 사회라고 하였다.

사회적 상황에서 발생되는 체면은 누구의 체면을 대상으로 하느냐에 따라서 "세우는 체면, 지키는 체면 그리고 타인의 체면을 지켜주고 세워주는 체면"으로 구분된다.

대인관계에 있어서 체면을 지나치게 차리면 사실과는 다른 겉치레적인 행동을 하면서 남에게 자신의 실제의 모습보다 과대 포장하거나 심지어 잘 보이려는 목적을 지닌 위선적이고 형식지향적인 행동이 일어날 수 있다.
체면이란 기본적으로 나의 모습 즉 얼굴의 의미를 가

		지고 있기 때문에 내적 품성의 외적 표현인 동시에 외적상징이다. 한국인이 타인에 대한 민감성이 높고 사회적 신분과 명예, 이미지 등을 중요하게 생각하기 때문에 체면의식을 정의하였으며, 체면의식을 모든 일상생활에서 중요한 심리적 현상으로 나타나는 한국인의 사회심리학적 특성으로 정의하였다.
2001	김경호	체면은 한국인에게만 고유하게 존재하는 사회 심리적 현상이라기보다는 타 문화권에서도 발견될 수 있는 보편적 문화심리현상이라고 하였다.(42) 한국인의 사회적 체면은 공공적 측면보다는 지위, 신분, 학벌 등과 같은 지위, 신분, 상징에 자동적으로 부착된 권위와 능력에 근거하는 경향이 크다는 점에서 귀속적 성격이 강하다.
2001	이석재 최상진	체면은 개인의 심리적 특성이면서 동시에 타인을 의식하게 되는 사회적 관계 안에서 나타나며 사회적 관계형성 및 유지에 영향을 미치는 영향요인으로서 그리고 대인관계 양식을 설명하는 사회심리학적 체면으로서 이해되고 있다.(88)
2001	양병창	일반적으로 자기평가는 타인의 인증을 통해 확증되는 과정을 거쳐 정체성 형성으로 이어질 수 있다고 설명하고 있으며 이는 체면이 과시적 소비의 동기가 된다는 점을 설명하고 있다고 볼 수 있다.(49)
2002	차영란	부유층의 소비행동 특성과 상품선택에서의 심리사회적 준거차원 분석에서 부유할수록 창피의식성과 형식체면민감성에서 높게 나타났다고 하였다. 부유할수록

		자존감과 체면민감성이 높고 귀하신 몸 의식이 높게 나타났고, 자존감과 체면민감성이 높은 집단일수록 과시적 소비를 하고 있다고 하였다. 또한 체면민감성이 높은 집단이 낮은 집단보다 합리적인 소비성향을 갖는다고 하였다.(47) 체면이 외형을 중시하는 사회에서 과시적 소비의 원인으로 작용한다는 논의가 다수의 선행연구에 의해 설명되고 있다.
2002	Cambell Rudich Sedikides	타인을 의식하는 체면의 특성은 소비자행동에 영향을 미치는 요인으로 볼 수 있는데, 그 중 자아존중감은 다른 사람들에게 자신을 긍정적으로 보이고자 하고 좋게 평가받고자 하는 요인이다.(65)
2003	한준오	한국인을 대상으로 연구를 수행한 결과, 신분-가문의식이 과시소비성향에 정적(+)영향을 미친다고 보고하였다.(15) 한국인의 신분의식과 체면민감성은 과시소비성향이 강하고 자신을 남과 다르게 여기기에 특별한 대접을 받고자 하는 의식이 높으며 소비수준도 높다고 밝힌 바 있다. 체면민감성과 신분 가문의식이 과시소비성향에 영향을 미친다고 하였다.
2003	Bao Zhao Su	소비자 구매의사결정에서 체면민감성이 영향을 주며 이를 통해 재구매 혹은 지속적 구매가 이루어진다고 주장하였다.(77)
2003	정지원	소비행동과 관련된 기존 연구에서는 주로 소비자의

	정순희 차경욱	체면과 과시소비의 연관성에 중점을 두었고, 주로 해외명품으로 논의되어 왔으며, 체면이 고가상품소비에서 의미 있는 변수라는 것이 밝혀졌다.(7)
2004	최상진	자신의 지위나 신분에 맞는 소비 행위를 함으로써 체면을 지키려 하는 성향이 강하다고 하였다.(63)
2004	김태현 김재범	서양인의 체면은 사회적 체면보다는 인격적 체면에 가까운 체면이며, 이는 대인관계에서 만들고, 고치고, 조정하는 등 타인과의 공통 구성적 체면의 성격이 강한 반면(김태현, 김재범, 2004) 한국인의 체면은 공통 구성적 측면보다는 지위, 신분, 학벌 등과 같은 가치에 의해 수반되는 권위와 능력에 근거하는 영향이 크다는 점에서 귀속적이고 사회 지향적 성격이 강하다.(85)
2004	차영란 김기범	최상진 등은 체면의 심리적 구조를 분석하면서, 한국인의 체면 의식의 두 가지 측면이 사회, 문화, 역사적으로 구성되어 왔음을 지적하고 있고, 도덕성 인격 체면과 능력 체면을 두 가지 구성 요소로 보고 있다. 그러나 현재 우리 사회에는 체면의 본질적 의미보다는 겉으로 드러난 신분과 지위를 과시하거나 현시하려는 경향이 두드러진다고 볼 수 있다. 즉, 자신의 신분 및 지위를 현시하기 위한 체면 행동이라고 할 수 있다.(94)
2004	Kim Kim Hu	한국인도 타인을 의식하며 자신의 사회적 이미지나 능력을 인정받고 과시하기 위한 상징적 소비를 하는 과시소비성향을 보이고 있다.(82)
2005	김양하	체면민감성은 사회생활에서 스스로의 신분이나 지위, 인격, 또는 도덕성과 능력에 대한 타인의 인정이나

		승인 및 사회적 불안에 대한 민감성을 의미한다.(29) 상징소비를 하는 이유 역시 "남의 시선을 의식해서"라는 응답과 "자신의 이미지나 능력을 과시하기 위해서", "타인들로부터 인정받고자 하는 이유"들로 나타났다. 즉 타인을 의식한 체면 소비행동이 나타나는 것을 알 수 있다.
2006	이충원 김효창	한국사회에서 체면은 소비패턴과 밀접한 관련되어 있어, 최근 마케팅 분야에서도 체면 관련 연구가 시도되기 시작되었다.(6) 자신의 행동이 다른 사람에게 평가받거나 관찰되어질 수 있다는 것을 의식하고 그에 따라 불안을 느끼는 정도라는 점에서 정태적 차원에서 인식되는 체면의 의미와는 다른 개념이라고 볼 수 있다. 체면을 중시하는 한국 사회를 대변해주는 문화적 심리특성, 개인적 특성이 될 수 있다.
2007	Kim	체면민감성이 권위주의적 성향을 가지고 있는 한국인의 특성에 따라 현대사회에서 과시소비 형태로 나타난다고 주장하였다.(80)
2007	김난도	한국인이 권위적이면 한이 깊다고 지적하면서 신분에 민감한 한국인의 심리적 특성에 대해 우리나라 사람들은 지위를 중요시하고 신분상승의 욕구도 강하다고 언급하였으며, 생활의 많은 영역에서 서열 매기기를 즐겨한다고 보고한바 있다. 이렇듯, 신분에 의한 서열을 매기면서 타인으로부터 체면에 민감하다고 할 수 있다.(10)

		우리사회에서 부유층에게 체면은 다른 사람과 똑같이 취급될지도 모른다는 두려움과 강박관념 등으로 인해 과시형 사치를 야기한다고 주장하며 체면이 과시적 소비성향에 대해 영향을 미친다고 설명한다. 한국의 경우 신분과 계층구조에 민감하여 지위를 중시하고 서열 가리기를 즐기는 문화가 만연하여 신분 상승의 욕구가 강하다고 주장하였다. 체면민감성을 유지하려는 욕구는 모든 문화권에서 나타는 현상으로 인간은 자신의 체면을 보호받고 싶어하고, 자신의 체면이 손상되는 것을 극도로 싫어하는 욕구를 가진다.
2007	조용현 이경근	자기 완성적 욕구에 기초한 서양의 인격적 체면과는 달리 한국인의 체면은 개인주의적이기 보다 조직내외에서 차지하는 비중이 월등히 커 사회적 행동에 영향을 미치기 때문에 중요한 변수라고 할 수 있다.(2) 타인의 체면과 관련된 행동으로 체면세움행동과 체면손상행동이 있으며, 체면세움행동은 타인에게 사회적으로 바람직하고 긍정적으로 행동할 수 있게 배려해 줌으로써 상대의 체면을 세워주는 것을 의미한다. 따라서 타인의 체면을 세워주는 것을 다른 사람들 앞에서 상대의 위신을 세워주는 행동으로, 상태를 칭찬하거나 상대의 직함, 능력을 강조, 또는 의견을 존중하여 상대의 면모가 좋게 보이도록 하는 것이라고 할 수 있다.
2007	유승엽	한국인의 문화심리적 특성 중 체면성향이 소비자들의 의례소비 행동과 높은 관련성이 있다고 하였다.(55)

2007	박상룡 김선아	체면민감성의 하위요인을 창피의식성, 형식격식성, 타인의식성으로 분류하였고, 창피의식성은 타인과의 관계에서 부끄럽거나 창피함을 느끼는 정도이다. 그리고 형식격식성은 형식과 격식에 어긋나지 않으려고 하는 심리이며, 타인의식성은 타인에 대한 의식정도이다.(33) 체면민감성이 웨딩소비성향에 미치는 영향에 대한 연구에서, 소비행동을 품질 추구형, 개성 추구형, 실리추구형, 유행추구형의 4가지 하위차원으로 구성하여 인과관계를 분석하였다. 그 결과, 형식이나 격식을 중요시할수록 개성이나 유형을 추구하기 보다는 품질과 실리를 추구하는 소비행동을 많이 하는 것으로 나타났고, 자신의 위신을 중요하게 생각하는 경우에는 개성과 유행을 추구하는 경향이 있다고 하였다. 그리고 타인의 평가나 타인의 시선을 의식하는 경우에는 유행추구적 소비성향이 낮아지는 등 체면민감성의 하위요인별로 다양한 소비행동에 미치는 영향이 다르다고 하였다. 체면민감성이 다양한 소비성향에 미치는 영향이 다르다고 하였다. 골프참여자의 체면민감성과 소비성향의 관계에서 체면민감성의 하위요인 3가지 중 창피의식성은 과시소비성향과 충동구매, 타인구매의식성향에 정(+)의 유의한 영향을 미치는 것으로 나타났다. 타인의식성은 과시소비와 충동구매, 타인구매의식성향에 부(-)의 유의한 영향을 미치는 것으로 나타났다. 창피의식성

		이 과시소비와 충동구매에 미치는 영향에서 성별이 조절역할을 하는 것으로 나타났으며, 남성이 여성보다 창피의식성이 높을 경우 과시소비성향과 충동구매 성향이 높은 것으로 나타났다.
2008	박오수 임유신 고동운	특히 한국에서는 자신의 체면이나 상태방의 체면을 세우고 유지하는 행동이 당연시되고 있는 실정이다. (24)
2008	장해순 한주리 이인희	체면민감성이란 일상생활에서 사람들이 체면에 대해 얼마나 중요하게 생각하는가를 나타내는 특성으로서, 타인의 시선을 의식하는 정도이며, 자신의 행동이 타인에게 평가 받을 수 있음을 의식하고 불안해하는 정도라고 할 수 있다.(3)
2008	김재휘 김태훈 전진안	타인의식을 잘 반영하고 있는 체면은 한국 사회 소비문화를 설명하는데 있어 중요한 개념이 될 수 있다.(4) 사람들은 자신의 사회적 지위에 맞는 대우를 바라며 그런 대우를 받지 못할 경우 체면은 손상될 수 있는데, 이는 사회적 지위나 신분이 체면 욕구를 결정하는 중요한 요소라고 할 수 있다. 체면의 상황적인 영향력이 비계획적 상향소비에 영향을 미친다고 하였다. 체면과 비계획적 소비화의 관계에서 김재휘 등(2008)은 체면이 강한 사람일수록 비계획적 상향소비를 한다고 하였다. 체면이 활성화 된 상황이 그렇지 않은 상황보다 비계

		획적 과시 소비를 더욱 유발하는 것으로 나타났다. 체면이 소비자의 과시소비성향과 관계할 뿐만 아니라 제품 구매에 있어서 유명상표나 명품에 대해 보다 높은 선호도를 나타내고 결국에는 이를 구매하는 단계에 이른다고 선행연구들을 설명하고 있다. 타인의식을 잘 반영하고 있는 체면은 한국사회에서도 소비문화를 설명하는 중요한 개념이 되기 때문이다.
2009 2000 2005	정면선 김혜진 최상진 김기범 김양하	정면선, 김혜진(2009)은 최상진, 김기범(2000)과 김양하(2002)의 측정항목을 바탕으로 체면민감성을 측정하고, 체면민감성의 하위요인을 남의 시선을 의식하는 "타인의식성"과 격식과 예의, 교양 있게 행동하려고 노력하는 "사회격식성", 의견이나 주장이 받아들여지지 않아 기분이 상하거나 부끄러움을 느끼는 "자괴의식성"의 3가지 요인으로 분류했다.(32)
2009	정명선 김혜진	체면민감성이 과시소비성향에 정적(+)영향을 미치는 중요한 요인임을 제시한 바 있다.(18) 체면민감성과 과시소비성향이 재구매에 긍정적인 영향을 준다고 주장하였다. 체면은 개인 자신에게 영향을 미치는 행위 및 태도의 발현으로 설명되는 반면에 체면민감성은 "개인이 사회생활 속에서 자신의 신분, 지위, 인격 혹은 도덕성 등과 능력에 대한 타인의 승인 및 인정, 사회적 불안에 대해 민감하게 반응하는 것"을 의미한다.

		체면민감성이 과시소비성향과 명품선호도에 긍정적인 영향을 미치는데, 과시소비성향에는 자괴의식성 체면이, 명품선호도에는 사회격식성 체면과 자괴의식성 체면이 관계한다고 하여 체면이 소비자의 소비행태에 크게 관여함을 알 수 있다. 체면이 소비자의 과시소비성향에 영향을 미치는데 이는 개인의 자신의 지위나 신분에 맞는 체면행위와 사회적 지위에 맞는 소비행위를 함으로써 체면을 지키려는 성향 때문이다. 골프용품의 원산지 일치 여부가 골프소비자의 소비행동에 긍정적인 영향을 미친다. 체면민감성은 사회생활 속에서 자신의 신분이나 지위 및 인격, 도덕성 그리고 능력에 대한 타인의 승인이나 인정 및 사회적 불안에 대한 민감성을 의미한다.
2009	전태준	체면민감성의 인구 통계적 특성에 따른 차이를 분석한 결과, 모든 집단에서 체면민감성의 평균이 높게 나타났다고 하였으며, 기존의 선행연구들에서 체면민감성이 소비행동에 영향을 미치지만, 구체적으로 어떠한 소비자들이 체면민감성을 높게 인식하는지에 대해서 규명하지 못하였기 때문에 제시할 수 있는 시사점에도 한계가 있었다.(40)
2009	Chan Wan Sin	이러한 소비성향 관점에서, 개인이 타인을 의식하여 느끼는 체면에 민감한 정도를 체면민감성이라고 정의하였고 제품소비에 있어 체면민감성이 강화된 상황에서 상향소비 혹은 과시적 소비가 높게 나타난다고 보

		고하였다.(71) 체면민감성은 "표출된 자기"로서 사회적 자존심에 해당하며 사회적 규범과 행동양식에 의해 통제되기 때문에 당위와 명분을 중시한다. 즉 사회적 지위와 능력 등과 같은 외적 명분을 높여주는 행동이라 할 수 있다.
2010	김창규	체면을 한국의 문화적 특성의 하나로 규정한다고 볼 때, 한국사회에서 체면이 중요시되고, 체면과 관계되는 상징이나 의미, 행위 규칙이 발달된 형태로 한국사회에 내재되어있다는 듯한 체면의 기저욕구 면에서 자기 완성적 욕구보다는, 남의 승인과 인정을 받고자 하는 성취욕구가 강하기에 체면의식이 발달되었음을 뜻하는 것으로 받아들일 수 있다.(22)
2010	이정찬	심리학적 관점에서 체면은 자신이 다른 사람을 의식하는 정도를 의미하는 것으로서 사회적 지위와 신분과 같은 외적 명분을 높여주는 행동이라 할 수 있다.(64)
2010	양준영 등	골프클럽선택결정시 디자인에 초점을 두는 경우는 외국산 브랜드를 선호하고, 가격에 초점을 두는 경우에는 국내산 브랜드를 선호한다고 하여 외국 유명브랜드와 일반 국내브랜드에 대해 가지는 시선이 다름을 강조하고 있다.(93)
2010	최유진 황진숙	남녀의 과시소비성향에 관한 연구에서 남성이 타인의식적 소비성향이 강하고, 여성은 가격할인 및 경제성을 더 추구한다고 하였다.(39)
2011	최상진	타인의 시선을 의식하는 정도이자 스스로의 행동이

		타인에게 평가받거나 관찰되어질 수 있음을 의식하고 이로 인해 불안을 느끼는 정도라고 할 수 있다. 그리고 일상생활에서 체면을 얼마나 중요시 여기는가를 반영하는 개념이므로 단순한 체면과는 차이가 있으며, 사회적 신분이 높고 권위적인 성격이거나, 자신의 이미지 및 명예를 중요시하는 사람, 내성적이거나 소극적인 성격, 예절이나 관습을 중시하는 사람이 체면민감성이 높다.(28)
2011	김세희	체면민감성과 의복소비행동에 관한 연구에서 소비행동을 상표중시, 쇼핑향유, 인간관계 지향, 충동성/동조의 4개 요인으로 구분하여 영향관계를 검증하였다.(35) 체면민감성이 과시적 소비성향에 영향을 주더라도 상대적 영향강도는 개인마다 차이가 있을 것이라고 밝힌 바 있다.
2011	오세숙 외	체면이란 사회적 신분과 지위뿐만 아니라 각 개인의 성격 또한 사회적 관계에서 개념화 된다. 이와 같은 점은 집단주의 문화일수록 개인의 자기의존심이나 자유의지보다는 집단자아존중감이 높을 가능성이 있기에 사회적 자기가 드러날 가능성이 있다는 의미이다.(92) 골프에 참여하고 있는 연구 참여자들은 체면에 대해 성향이라 이야기 했는데 개인적인 특성에 따라 체면은 달리 나타난다고 밝혔다.
2011	서용한 외	다양한 소비행동 등 명품구매와 타인과의 의사소통을 목적으로 하는 소비행동, 또는 소비성향, 즉 타인을 의식하는 행동적성향이 소비행동에 영향을 미칠 수 있다고 하였다.(36)

		명품브랜드 가치가 명품브랜드 선호도에 미치는 영향 관계에서 소비자의 체면의 조절역할을 분석한 결과, 체면을 중시하는 소비자일수록 과시적 가치, 사회적 가치, 감정적 가치가 브랜드 선호도에 낮은 소비자들은 품질가치를 더욱 중요시 하는 것으로 나타났다고 하였다. 그리고 체면이 상황적인 요인으로서 소비자 행동에 영향을 미칠 수 있으며, 특히 비계획적인 구매행동에 영향을 미칠 수 있다고 하였다.(36) 체면이 집단적 규범이 중요시되는 유교문화의 특성이기는 하지만 주관적 규범으로서 체면유지가 쇼핑행동에 미치는 영향의 정도는 개인에 따라 차이가 있을 수 있다. 즉 개별 소비자에 따라 체면민감도에 차이가 있을 수 있다. 따라서 이 책에서는 체면요인을 문화적 요소로 간주하기 보다는 개인적 특성관점에서 쇼핑체험에 미치는 영향을 살펴본다. 문화와 문화적 특성에 기인한 개인적 성향은 다양한 방향에서 소비활동에 영향을 미칠 수 있다. 타인을 의식하는 체면의 특성은 마케팅 상황에서 소비자의 행동에 영향을 미치는 요인으로 보고되고 있다. 체면민감성은 개인의 소비행태와도 직, 간접적으로 관계한다. 고체면중시 집단이 명품브랜드를 더 선호한다고 하였다.
2011	김민주	그동안 체면이나 체면민감성에 관한 경험적 연구는 매우 미흡한 실정이며, 이는 같은 유교문화권이라 할

		지라도 체면 현상에 대한 국가 간 차이가 존재하므로 과학적 연구를 위한 보편적 측정척도의 개발이 어려웠기 때문이다. 그러나 최근체면에 관한 경험적 연구들이 발표되면서 체면 인식의 측정이 가능하게 되었다.(30)
2011	최선형 오현주	우리나라 소비자의 의복의 상징성이 높은 원인이 체면의식에서 비롯된다고 하였다.(37)
2011	최영래 이재희	여가 스포츠 참여자의 신분의식과 체면민감성이 여가 소비에 미치는 영향에 대한 연구에서, 체면민감성의 하위요인인 체면창피의식과 형식-격식체면 모두 과시적 여가소비성향의 하위요인인 지위상징성, 타인지향성, 유명상품선호, 그리고 유행추구 모두에 유의한 영향을 미치는 것으로 나타났다고 하였다.(38) 한국의 소비자들은 각각의 사회적 신분에 맞는 소비 패턴에 대한 고정관념과 자신의 체면을 지키기 위해서 암묵적인 사회적 규범을 따르려는 강한 동기가 한국인의 소비행동에 존재한다고 한다. 여가스포츠 참여자의 체면민감성이 과시적 소비성향에 긍정적인 영향을 미친다고 하여 스포츠 분야에서도 체면은 소비행태와 밀접한 관계가 있음을 지적해 주고 있다.
2011	유민봉 외	체면을 하나의 과정적인 측면에서 보면 체면을 의식하는 단계와 체면손상이 나타나는 감정적 반응의 정도를 체면민감도라 할 수 있고, 체면을 지키거나 회복시키기 위한 행동을 체면행위라 할 수 있다.(27)

		문화적 특성은 개인의 행동에 영향을 주기 때문에 자신이 속한 문화권의 특성에 따라 체면 현상과 행위, 체면의 역할 및 작용이 다르게 나타날 수 있다는 점을 전제로 한다.
2011	Zhang Cao Grigoriou	사회심리학적으로 모든 소비자는 체면민감성을 가지고 있으며 그 강도만이 상대적일 뿐 과시소비성향에 영향을 준다고 논의하였다.(75)
2012	남상백	스포츠참여자를 대상으로 한 연구에서 체면민감성이 과시 소비성향이 유의한 정적(+) 영향을 미친다고 보고 하였다.(17) 일반적으로 자기평가는 타인의 인증을 통해 확증되는 과정을 거쳐 정체성 형성으로 이어질 수 있다고 설명하고 있으며, 이는 체면이 과시적 소비의 동기가 될 수 있다는 점을 설명하고 있다.
2012	이병관	골프소비자들이 체면에 민감하여 골프장비나 의류구매 시 체면이 크게 관여된다고 주장하였고, 골프기술이나 용품 등 어느 정도 수준을 유지하기 위한 소비 특성이 체면민감성과 상관이 있으며 체면에 대한 자기 과시로써 새로운 용품이나 높은 가격의 골프의류를 구입하는 등 과시소비성향에 영향을 미친다고 주장하였다.(72)
2013	이명현 이형룡	체면민감성의 하위요인을 창피의식성, 형식의식성, 타인의식성의 3가지 하위요인으로 분류하고, 창피의식성은 타인과의 관계에서 부끄럽거나 창피함을 느끼는 정도로, 형식격식성은 타인과의 관계에서 형식과 격식, 예절을 지키고자 하는 정도이며, 타인의식성은 타인의 시선이나 타인의 평가를 의식하는 정도로 정의

하였다.(34)

골프참여자의 체면민감성과 소비성향의 관계에서 체면민감성의 하위요인 중 창피의식성요인이 과시소비성향과 타인구매의식성향 등에 정(+)의 유의한 영향을 미친다고 보고한 바 있으며, 창피의식성을 높게 지각하는 골프참여자가 타인에게 과시하는 골프소비성향과 타인구매의식 성향이 높다고 언급하였다. 이처럼 골프참여자들의 체면민감성은 골프소비에 지대한 영향을 미친다고 볼 수 있다.(12)

체면민감성과 소비성향에 관한 기존의 연구들은 과시소비 성향이나 고가상품, 명품선호도 등 특정 소비성향이나 행동에 관한 연구들에 치우쳐 있는 실정이다. 특히 체면과 관련된 기존 연구들이 거의 천편일률적으로 체면의 외향적인 측면인 과시성, 권위성, 타인의식성, 겉치레 등을 강조하였는데(Veblen, 1889; Mammem & Whan, 1987; 김찬규, 2010), 겉치레 중심일 때 체면은 부정적인 측면이 강하지만 자기 완성적인 욕구에 의한 체면의식과 이로 인해 자신의 체면을 차리거나 타인의 체면을 세워줄 때는 긍정적인 면과 사회관계의 원만함으로 연결될 수 있다(최상진, 2011).(20)

그동안 체면민감성이 구매행동에 미치는 영향을 검증한 연구가 다양하게 이루어져왔지만, 다수의 연구들(김재휘, 김태훈, 전진안, 2008; 정면선, 김혜진, 2009; 사용한, 오희선, 전민지, 2001; 최영래, 이제희, 2001)이 과시소비성향이나 명품소비, 비계획적 소비 등 부정적 소비성향의 관계에만 초점이 맞추어져 왔다.(20)

		선행연구를 바탕으로 이 책에서는 체면민감성을 사회생활에서 스스로의 신분이나 지위, 인격, 또는 도덕성과 능력에 대한 타인의 인정이나 승인 및 사회적 불안에 대한 민감성의 정도로 정의하였다. 측정을 위하여 최상진, 최인재(1999)가 개발하고, 현선회, 이화석(2008), 최영래, 이제희(2011), 서용한 외(2011), 남상백(2012)의 연구에서 신뢰성과 타당성이 검증된 측정항목을 이 책의 목적에 맞게 수정, 보완하여 사용하였다. 체면민감성의 하위요인은 총 3개의 요인으로, 창피의식성 4문항, 형식격식성 4문항, 타인의식성 3문항으로 구성되었으며, Likert5점 척도로 측정하였고 1점 "전혀 그렇지 않다" 5점 "매우 그렇다"로 구성하였다. 골프참여자의 체면민감성은 과시적 소비에 영향을 미친다고 이는 다시 재구매와 주전활동과 같은 소비 후 행동에 영향을 미친다고 보고하였다.
2013	박상훈	자신의 행동들이 상대방에 의해 평가되고 관찰되어지는 것을 의식하게 되면 자신의 행동에 불안함을 느끼게 되면서 체면민감성이 높아진다고 하였다.(87)
2014	문정림	우리나라의 경우 특히 체면은 문화적으로 차지하는 비중이 매우 크고 우리의 가치관과 행동양식에 큰 영향을 미친다는 점에서 중요한 개념으로 논의하고 있다.(70) 골프참여자의 신분의식과 체면민감성이 과시소비성향에 영향을 주는 하나의 변인라고 보고하였다.
2014	김영미 이형주	가격에 민감한 소비자들은 싸다면 무조건 사게 되는 충동구매를 할 가능성이 높다고 한다.(237)

2014	최혜연	체면민감성이 상징적 소비성향에 유의한 영향을 미치는 것으로 보고하였다.(13)
2014	박은희 구양숙	대학생의 청바지에 대한 소비연구에서 체면민감성이 청바지의 재구매에 유의한 영향을 미친다고 주장하였다.(76) 대학생들의 경우 옷을 멋지게 입는 것이 체면을 높여주는 것으로 생각하기 때문에 유행에 따른 청바지를 선택하여, 이러한 체면의식은 최근 2년 간 구입한 바지 수, 구매 장소, 구입가격, 월평균지출비 등의 구매행동에 유의하게 영향을 미칠 것으로 나타났다.
2014	이병관	체면은 인간이 일상생활에서 볼 수 있는 체면과 부끄러움은 자괴성 부끄러움과 창피성 부끄러움으로 분류할 수 있다. 여기서 자괴성 부끄러움은 자신의 내적 품성을 행동이라는 거울을 통해 반성적으로 확인한다는 점에서 반성적 내적 자기라고 볼 수 있으며, 창피성 부끄러움은 상대의 반응을 통해 자신의 내적 품성을 확인한다는 점에서 반사적 내적자기라고 한다. 자기반성적 자괴성 부끄러움 보다는 자신의 부끄러움의 행위가 타인에게 노출되었을 때 나타나는 상태의 반응을 통해 부끄러움을 느끼는 반사적 창피성 부끄러움을 인간은 더 가질 수 있다.(86)
2015	신기범 한광령 조경훈	체면민감성은 다른 사람의 시선을 의식하는 정도이며, 자신의 행동이 다른 사람에게 평가받거나 관찰될 수 있다는 것을 의식하는 정도이다.(9)
2015	문정림 권미혁	골프참여자의 체면민감성은 골프소비유형에 부분적인 영향을 미치는 것으로 나타났다. 즉 체면민감성의 하위요인인 창피의식과 타인의식은 과시추구형, 독특

		성과 개성추구형에 유의한 영향을 미치는 것으로 나타났다. 그러나 형식/격식의식은 과시추구형과 독특성과 개성추구형에 유의한 영향을 미치지 않는 것으로 나타났다. 또한 형식/격식의식은 타인추종형, 감성적 즐거움 추구형에 영향을 미치는 것으로 나타났으나, 창피의식과 타인의식은 타인추종형, 감성적 즐거움 추구형에 유의한 영향을 미치지 않는 것으로 나타났다.(16) 개인의 체면욕구가 강할수록 타인을 의식하는 정도가 높아지며, 타인의 시선에서 자유롭지 못해 소비를 하는 상황이 발생하는 것으로 해석된다. 소비유형을 설명하는데 체면민감성이 일정부분 기여하고 있음을 의미한다.(16)
2015	조승호 조상훈	체면의식이 강한 사람일수록 다른 사람들이 자신의 제품을 쉽게 인식할 수 있도록 사이즈가 큰 브랜드 로고를 선택하는 과시적 소비를 한다고 주장하였다.(74)
2016	안정훈	아웃도어 용품 소비자들은 제품을 구매할 때 유행성을 중요하게 생각하고, 이것은 남들에게 뒤처지지 않는 모습을 통해 만족감을 느끼고 브랜드 태도로 이어진다는 연구결과이다.(84)
2018	진대건 유소이	아웃도어웨어 소비자를 대상으로 한 연구에서 체면민감성이 과시소비성향에 통계적으로 유의한 영향을 미친다고 보고하였다.(73) 소비자들의 체면민감성이 구매행동과 재구매의도에 유의한 영향을 미친다고 주장하였다.

〈부록 5〉 충동구매성향에 관한 선행연구 자료 정리

년도	출처	주요관점
1962	Stern	제한된 시간 내에 구매가 이루어지면서 제품에 대한 충분한 정보를 얻지 않고 가격할인의 측면에 영향을 받으나, 혹은 제품이나 서비스의 독특함으로 인해 즉흥적이고 충동적으로 이루어지게 되는 구매의 경우 바람직한 구매가 되기 어렵다.(144) 충동구매에 대한 연구는 1950년대 이후 시작되었다. 충동구매의 개념에 대해 스턴(Stern, 1962)은 소비자가 매장에 들어갈 때 제품을 구매하려고 하지 않았지만 실제 구매한 경우로 보았다. 충동구매의 유형은 크게 순수충동구매, 상기 충동구매, 연상 충동구매, 계획 충동구매 등으로 나타나고 있다. 제품에 대한 필요성이 사전에 인지되었는지 여부에 따라서 비계획 구매와 충동구매를 구분하였다. 소비자의 충동구매 유형을 분류한 Stern(1962)은 순수충동구매(pure impulse buying), 상기충동구매(reminder impulse buying), 암시충동구매(suggestion impulse buying), 계획충동구매(planned impulse buying)의 4가지로 분류하였다. 충동구매를 소비자가 점포에 들어설 때는 제품을 구매하려고 의도하지 않았지만 실제로 구매를 한 경우

로 개념화하여 4가지 형태의 비계획적 구매행동을 소비자의 충동구매형태라고 제시하였다. 첫째, 순수 충동구매로서 신기함을 발견하고 이에 흥미를 느껴 정상적인 구매패턴에서 벗어나는 탈출적 성향의 구매행동을 의미한다. 둘째, 상기적 충동구매로서 소비자가 어떤 제품을 보고서 재고보충의 필요성을 인식한다든지 또는 그 제품에 대한 광고나 정보를 회상하거나 그 제품을 구매하려고 기억을 상기하여 발생하는 구매행동을 의미한다. 셋째, 제안적 충동구매로서 소비자가 특정제품에 대한 사전지식이 없더라도 그것에 대한 필요성을 인지하게 될 때 발생하는 것으로 제품의 품질이나 기능 등은 구매시점에서 평가되어진다. 이는 감정적이 아닌 합리적이고 기능적인 구매라는 점에서 순수충동구매와 구별이 되며, 제품에 대한 사전지식이 없다는 점에서 회상충동구매와도 구별되어진다. 넷째, 계획적 충동구매로서 소비자가 가격할인이나 쿠폰제공 등과 같은 구매조건을 제시하는 상점에 가기로 생각은 하고 있었지만 특정제품을 구매한다는 것은 계획하지 않고서 상점에 들어가 쇼핑하는 중에 그 제품을 충동적으로 구매하는 경우이다.

충동구매를 충동구매 자극요인에 의해 세분화하여 순수충동구매, 계획충동구매, 제안충동구매, 상기충동구매로 구분하여 충동구매를 비계획 구매에 포함시켜 설명하였다.

저가격, 제품에 대한 한계 욕구, 대량 유통, 셀프 서비스, 대량광고, 탁월한 상점 진열, 짧은 제품 수명, 작은 사이즈나 가벼운 중량, 보관의 용이성 등 9가지

		의 요인을 제시하고 있다.
		소비자의 충동구매형태에 대한 이론적 측면의 연구를 통하여 충동구매유형들 사이에 소비자 상황요인들에 의해 실제 구매행동에 차이가 있다는 점을 제시하였다. 가장 큰 특징은 충동구매를 충동구매 자극요인에 의해 세분화하고 있다는 것이다. 그러나 충동구매를 비계획적 구매에 포함시켜 설명함으로써 충동구매의 정확한 정의를 도출하지 못하는 한계를 가지고 있다. 즉 충동구매를 비계획적 구매의 한 형태로 포함시키고 비계획 구매 중 충동구매가 가지는 특징 및 다른 비계획 구매와 구별할 수 있는 기준을 제시하지 않고 있다.
1967	Kollat Willet	충동구매는 비계획 구매와 동일한 개념으로 파악한다, 충동구매는 구매의도와 실제 구매결과와의 비교의 결과로 나타나는 것으로, 점포에 들어서기 전에 아무런 욕구를 인지하지 못한 제품을 점포 내의 자극에 의해 구매하는 것으로 정의하였다.(112) 소비자들이 사전에 아무런 계획 없이 구매를 한다는 연구결과를 발표하였고, 소비자들의 인구통계학적 라이프스타일과 그들의 충동구매에 대한 민감성 간의 차이를 조사하기도 하였다. 제품에 대한 필요성 없이 즉석에서 상품구매를 결정한다는 점에서 비계획구매와 같으나 점포 내 자극에 노출될 때까지 구매의도를 결정짓지 않고 구매시점

		에서 여러 상품을 보고 직접 구매하는 것이기 때문에 보다 포괄적이고 현실적으로 평가를 할 수 있는 논리적이고 효율적인 구매의가결정 방법으로 보고 있다. 제품구매에 있어서 구매 계획과 실제 구매 결과 사이의 차이라고 하였다. 의도-결과모형을 개발하여 쇼핑 전에 계획한 구매의도와 실제 구매결과와의 차이를 충동구매로 정의하고 있는데, 이들 연구에 따르면 충동구매형태는 제품 및 상표에 대한 사전지식 여부에 따라 이루어지는 제품과 상표를 알고 있는 경우의 비계획적 충동구매, 제품만 알고 있는 경우의 비계획적 충동구매, 상표만 알고 있는 경우의 비계획 구매 등 3가지 형태로 구분되어질 수 있다. 이연구의 대표적인 특징은 비계획적 구매 상황을 계획의 정도에 따라 구분하고 있다는 것이다. 즉, 쇼핑 전 구매에 대한 계획과 결과가 변형된 정도를 보고 충동구매를 분류하였으며, 기본적인 전제로 쇼핑의 결과가 이루어졌다고 정의하고 있다. 이와 같은 접근은 쇼핑계획의 정도를 더욱 구체적으로 세분화함에 따라 충동구매의 범위 역시 달라질 수 있다.
1967	Nynnally	충동구매가 현명한 쇼핑의 형태로 이해될 수 있다고 하였는데, 이는 상품을 구매하기 위해 미리 구매계획을 세우지 않더라도 현명한 소비자는 계획적이고 제안적인 충동구매를 할 수도 있다고 설명하였다.(236)
1972	Tauber	다양한 형태의 쇼핑동기가 충동구매로 연결되어질

		수 있다고 제안하였다.(159) 소비자들은 단순히 제품이나 서비스의 필요에 의한 구매 목적 이외에 여러 심리적 욕구를 충족시키려는 목적으로 쇼핑을 하며, 심리적 쇼핑 동기는 6가지의 개인적 동기와 5가지의 사회적 동기로 구분되어진다고 하였다. 개인적 동기는 역할 수행, 기분전환, 자아만족, 새로운 트렌드 학습, 신체적 활동, 감각적인 자극 동기로 분류되며, 사회적 동기는 타인과의 사회적 경험, 타인과의 의사소통, 동료와의 친화, 지위 및 권위 및 바겐 세일의 즐거움 동기로 구분되어진다. 소비자들이 제품 구매 목적 이외의 다양한 목적을 가지고 쇼핑을 한다는 것으로 규명한 점에서 큰 의미가 있다. 쇼핑동기를 개인적 동기와 사회적 동기로 구분하고, 사회적 커뮤니케이션 동기와 동료집단과의 친화 등을 중요한 사회적 동기에 포함시켰다. 사회적 커뮤니케이션 동기는 쇼핑의 동기를 비슷한 관심사를 가지고 있는 타인들과 사귀고 만나며 의사소통하려는 목적으로 보는 것이며, 동료집단과의 친화는 준거집단과 같이 있고 싶어 하는 동기를 의미한다.
1973	D'antoni & Shenson	소비자가 사전 계획 없이 제품을 구매한다 할지라도 계획구매의 경우처럼 신중하게 구매의사결정을 한다면 이것을 오직 사전 계획이 없었다는 이유로 충동구매라 단정하는 것은 문제가 있음을 지적하였다. 그래서 그들은 구매의사 결정에 소요되는 시간을 기준으로 소비자 구매행동의 충동성을 설명하고 있다. 다시 말해, 그들은 충동구매의 여부가 구매의사 결정 시간

		까지의 처리된 정보의 양으로 결정되어야 한다고 보았다. 그러나 이와 같은 분류 기준은 소비자들의 심리적 특성이 반영되지 않고 있을 뿐만 아니라, 충동구매를 판단하는 척도로 활용하기에는 정보의 양을 어느 정도의 기준으로 설정한 것인가에 대한 문제점들이 발생할 수 있다(서문식·하승범, 2014).(241)
1975	Ainsile	충동구매는 비합리적이고 위험하며 다분히 낭비적인 성향으로 평가되어, 충동구매자는 통제력이 부족한 사람이라는 사회적 평가를 받는다.(105)
1978	Bellenger et al.	비계획적 구매로 조작화된 충동구매는 백화점 구매의 27~62%를 차지하였다.(169)
1982	Weinberg Gottwald	소비자의 감정과 충동구매행동의 관련 연구에서는 충동구매자가 비충동구매자보다 훨씬 더 감정적으로 활성화되어 즐거움, 기쁨, 열광, 유쾌함의 감정을 더 많이 나타내었다.(113) 충동구매를 구매의사 결정에서 깊은 생각 없이 상점 내의 자극에 의해 이루어지는 즉흥적인 구매 행위로 정의하였으며, 충동구매는 자극에 의한 구매로 구매 습관이나 습관적 구매 행동과는 구별되는 개념이라고 하였다. 충동구매는 모든 구매의사결정이 깊은 생각 없이 상점내의 자극에 의해 이루어지는 즉흥적 구매행동을 의미한다. 충동구매를 심사숙고하지 않고 제품을 보고 즉흥적으로 구매하는 것으로, 새로운 것의 추구와 자극에 의한 구매로서 이성적인 구매행동이나 습관적인 구

매행동과 대비되는 개념으로 이해하였다.

충동구매가 비계획적이긴 하나 비계획 구매가 반드시 충동적이지는 않다고 하면서 소비자의 감정적 측면, 인지적 측면 및 반사적 측면에서 충동구매가 결정된다고 하였다.

소비자의 충동구매를 비계획적 구매와 동일시하는 기존의 정의에 이의를 제기하고 충동구매자의 감정적 측면을 중요시하여 새로운 개념을 제시하였으며, 충동구매는 감정에 의한 결과로 소비자의 강한 감정을 동반하며 그들의 개성에 의존하는 것으로 감성적 측면, 인지적 측면, 반사적 측면의 정도에 의해 결정되며, 이 세 가지 측면이 심사숙고 없이 행해지는 면에서는 비계획적 구매라 할 수 있으나 비계획적 구매에는 합리적으로 행해지는 경우도 있으므로 비계획적 구매가 아니라는 것이다.

충동구매자와 비구매자간의 정서반응을 살펴보았다. 그 결과 충동구매자는 비구매자보다 자신들을 보다 유쾌하고, 기쁘고, 열광적인 사람으로 평가하였다. 이와 같이, 충동구매는 소비자가 보다 감정적, 비인지적, 반사적인 특징을 보이는 구매행동이다.

단순히 충동구매는 정적 정서반응을 동반한다고 제안할 뿐, 정서반응의 수준에 따른 충동구매행동의 차이를 밝히지 못하였다는 점에서 한계를 지니고 있다.

충동구매자들이 자신을 유쾌하고, 기쁘고, 열광적인

		사람으로 평가하는 것은 자신의 중요한 일반적 가치 중의 하나로 쾌락지향 가치를 고려하고 있는 것과 일맥상통하는 것이라고 볼 수 있다.
1984	Assael	비계획 구매를 점포 내 제시된 자극으로 인해 소비자가 구매를 위한 의사결정과정을 거친 후의 구매행위라고 하였다.(56)
1985	Rook Hoch	소비자의 충동구매가 자극의 양이 아니라 자극을 어떻게 수용하느냐에 따라 결정되므로 구매행위의 본질과 내적 상태를 파악하는 것이 중요하다고 주장하였다.(193) 충동구매란 소비자가 갑작스럽고 강력하며 저항할 수 없는 즉각적인 구매 욕구를 경험할 때 발생하고 구매충동을 쾌락적으로 복잡하며 감정 등을 야기한다고 정의하였다. 충동구매는 소비자가 갑자기 특정제품을 구매하고자 하는 강력한 욕구를 경험했을 때 발생하는데, 이러한 갑작스런 충동은 소비자로 하여금 일시적으로 자신의 욕구를 억제시키지 못함과 동시에 심리적 불균형 상태를 초래하여 쾌락적이고 감정적인 갈등을 유발시켜 인지적 평가와 부정적인 결과에 대한 통찰이 감소되어 발생하는 것이라고 정의하였다. 여성이 남성에 비해 충동구매 성향이 강한 것으로 나타고 있다. 충동구매 과정에서의 소비자들의 인지적 및 감성적인 반응을 중심으로 연구하였으며, 충동구매행동은 비충동구매행동과 대비하여 다음과 같은 5가지의 인

		지적 감성적 반응을 보인다고 하였다. 1) 자발적이고 급작스러운 행동 욕망 2) 심리적 상태의 불균형 3) 심리적인 갈등의 경험과 이에 대한 저항 4) 인지적 평가의 저하 5) 경과를 따지지 않는 소비의 과정으로 충동구매가 발생한다는 것이다. 연구의 가장 중요한 기여는 충동구매를 단순히 구매충동에서 급격한 구매행동으로 이어지는 과정을 자극에 대한 심리적 반응과 구매행동에 이르는 과정을 세분화 하여 단계적으로 설명하고 있다는 것이다. 이처럼 1980년대 접어들면서 충동구매에 있어서 소비자의 심리적 특성을 강조하기 시작하였다.
1986	Kacen Lee	충동구매는 구체적으로 계획을 세우거나 이성에 의해 심사숙고하는 과정을 거치지 않고, 즉각적, 충동적, 우발적으로 상품을 구매하는 것을 의미한다.(50)
1986	Cobby Hoyer	충동구매에 관한 의사결정이 점포환경 내에서 이루어질 것이라고 보고 제품 종류와 상표에 대한 사전구매계획의 여부에 따라 계획구매자, 부분계획구매자 및 충동구매자로 구분하였다.(192) 충동구매에 관한 의사결정이 점포환경 내에서 결정될 것이라는 인식에서 제품류와 구체적인 상품에 대한 사전 구매계획의 여부에 따라서 구매자를 계획구매자, 부분계획구매자 및 충동구매자의 유형으로 구분하였다.
1987	Rook	충동구매는 구체적인 계획이 없는 상태에서 어떠한 자극이나 상황에 노출되었을 때 생긴 자발적인 구매의 충동에 의해 제품을 구매하게 되는 현상이, 즉 충

동구매는 계획 없이 욕구가 발생하는 대로 즉시 구매하게 되는 행동이라고 정의할 수 있다.(51)

충동구매는 "계획되지 않은" 구매로 갑자기 경험하고 저항할 수 없을 정도로 강력하며 쾌락적이다.

모든 충동구매는 비계획 구매라 할 수 있으나 비계획구매를 충동구매라 할 수 없다고 하였다.

소비자가 순간적으로 구매욕구를 경험할 때 충동구매가 발생한다고 하면서 소비자의 충동구매행동 특성과 충동구매행동에 따른 부정적 결과 유형을 밝혔다.

충동구매경향성은 구매상황에서 소비자가 느끼는 구매충동성의 정도이다. 충동구매는 "계획되지 않은" 구매이며 이를 측정하는 방법으로 종종 상점에 들어가기 전에 구매하려고 의도했던 것과 충동구매 사이의 차이를 조작적으로 정의한다.

충동구매는 신중한 구매에 비해 더욱 현저하며 흥분을 일으킨다. 또한 강력하고 급박한 특성을 가지면서 이성적 판단보다는 감정적인 부분이 의존한다. 따라서 충동구매는 사회적으로 좋지 않은 것으로 인식되는 동시에 충동구매를 하는 개인에게 통제를 잃는다는 느낌을 제공한다.

충동구매를 일으키는 제품의 차원을 스낵이나 사탕봉지 등을 넘어서 누군가의 예산한계를 초과시키는 것으로 확장시켰다.

		충동구매와 관련하여 쾌락적 복잡성을 설명할 수 있는 구매 프로센스 모델을 개발할 필요가 있음을 역설하였다.
		충동구매를 "구매자가 구매에 대한 구체적 계획 없이 자극상황에 노출되었을 때 발생한 자발적인 구매 충동으로 인해 제품을 구매하게 되는 감정적 갈등 활동"이라고 하였다.
		충동구매는 주로 즐거움과 흥분이라는 감정을 동반한 비계획적이고 급작스런 구매와 관련되어 설명되어졌다.
		충동구매는 구체적인 계획이 없는 상태에서 어떠한 자극이나 상황에 노출되었을 때 생긴 자발적인 구매의 충동에 의해 제품을 구매하게 되는 현상이다.
1989	Park Iyer Smith	비계획 구매를 소비자가 점포에 들어가기 전에는 구매계획이 없었던 제품의 구매 혹은 구매계획의 수립 시점에서는 인식되지 않았던 욕구의 만족을 위한 제품구매를 의미하는 것으로 정의하였다.(57)
1990	Scherhorn	충동구매란 충동에 이끌려 쇼핑이나 구매행동을 하여 감정적 심리적 충족을 채우게 되는 구매행동이라 할 수 있다.(188)
1990	Thompson Locander Pollio	충동구매는 기본적으로 감성적인 판단에 구매행동의 기본을 두고 있지만 감성적인 판단이 항상 불합리적한 판단은 아님을 지적하고 있다. 즉, 기존의 정서적 회계에 의해서 적합한 판단이라고 생각한 대상이 특정구매 상황에서 등장하게 되면, 즉각적인 구매행동

		에 나서게 되고, 이러한 행동의 바탕에는 인지적 정당화과정을 거쳐 판단하게 된다고 주장하고 있다. 이와 같이 소비자들이 의사결정과정에서 거치는 인지적 정당화 과정은 쇼핑상황에서의 자극으로부터 충동구매 의사결정으로 이어지는 과정의 중요한 연결고리 역할을 한다고 볼 수 있다.(242)
1990	이상빈 안우식	구매 관여가 높은 사람들은 구매 관여가 낮은 사람들에 비해 쇼핑자체를 선호하고 충동적 구매경향이 있다고 하였다.(177)
1990	Mowen	충동구매행동과 관련하여 소비자가 내리는 결정을 세 가지 관점을 나눌 수 있다고 제한하였다. 먼저, 의사결정 관점은 소비자 구매행동에 대한 합리적, 정보처리적 접근을 강조한다. 둘째, 행동적 영향 관점은 행동과 그 행동에 영향을 미치는 환경의 상황연계성에 초점을 맞춘다. 끝으로, 경험적 관점은 소비자의 많은 행위들을 감정과 정서를 경험하고자 하는 사람들의 욕구에서 생긴다고 주장한다.(239)
1991	Bakos	인터넷 환경에서 소비자는 인터넷 쇼핑몰에서 제공하는 마케팅 자극에 의해 계획치 않았던 제품이나 서비스에 대해 구매욕구를 느낄 수 있으며, 인터넷에서 정보탐색이 용이하다고 해서 충동구매가 줄어드는 것이 아니라 다양한 정보차원을 통해 충동구매성향이 높아질 수 있다.(203) 인터넷에서는 탐색비용이 0에 가까워서 인터넷 이용자들은 무한한 정보의 획득이 가능하다고 했다.
1991	Han et al.	의류 구매자의 충동구매를 점포의 가격이나 쿠폰 등의 판매촉진활동에 의해 구매결정이 이루어지는 계

		회된 충동구매, 이전 결정이나 경험을 근거로 구매를 결정하는 상기된 충동구매, 새로운 스타일을 보고 구매결정을 하는 패션지향적 충동구매, 사전에 구매할 생각이나 계획이 전혀 없이 발생하는 순수한 충동구매로 구분하였다.(197)
1991	Piron	충동구매에 대해 비계획성, 자극에 노출된 이후 일어나는 의사결정, 충동구매 의사결정이 그 시간과 장소에서 이루어져야 한다는 3가지 요소는 충동구매에 반드시 필수적이라고 하였다.(170) 비계획적인 구매이며, 어떤 자극에 노출되어 즉각적으로 일어나는 구매행동으로 정의하였다. 충동구매는 비계획적인 구매이며, 어떤 자극에 노출되어서 즉각적으로 일어나는 구매행동으로 정의된다. Piron은 약 50년간 진행되어온 충동구매의 정의를 종합적으로 재검토하여, 충동구매 개념의 발달과정을 3단계로 정리하였다. 그리도 충동구매의 다른 정의를 첨가하여 최종적으로 4단계의 충동구매 개념 발달과정을 제안하였다. Piron이 제안한 충동구매 발달과정을 요약한 것이다. 분류1에 대한 비판으로 충동구매를 비계획 구매와 같은 것으로 파악하는 것은 비계획 구매가 충동적으로 이루어지지 않은 면을 설명할 수 없다고 지적하였다. 분류2에 대한 비판의 경우, 소비자의 반응을 고려하지 않는 상태에서 단순히 소비자가 자극에 노출되었기 때문에 촉발된 비계획 구매라는 식으로 이해하는 것은 현상을 제대로 이해하지 못하게 한다고 지적하였다. 이런 견해는 결국 구매의사

		결정자인 소비자를 배제하기 때문이라는 것이다. 분류3의 경우 충동구매에는 항상 인지적/정서적 반응이 수반된 현상을 너무 협소하게 만들 수 있다고 지적한다. 종합적으로 살펴보면 기존의 충동구매에 대한 정의는 현상에 대한 한 가지 측면에만 초점을 맞춘 까닭에 현상을 제대로, 이해하지 못하게 한다고 지적하였다.
1992	최상봉	소비자들은 충동구매를 통해 나쁜 감정이나 불만이 아닌 좋은 감정과 만족을 경험하였으며(Hausman, 2000; Rook, 1987) 충동구매자일수록 높은 혁신성, 위험지각이나 가격에 대한 낮은 민감도 등의 심리적 특성을 보임으로 신제품 개발이나 패션제품 개발에 중요한 세분시장이 될 수 있음이 확인되었다.(164)
1992	이학식 안광호	기존 연구들에서 관여는 일반적으로 "주어진 상황에서 특정 대상에 대한 개인의 중요성 지각정도 또는 관심도" 혹은 "주어진 상황에서 특정 대상에 대한 개인의 관련성 지각정도"라고 정의되어 왔으며, 그 정도는 대상과 상황에 따라서 다르게 나타날 수 있다고 보았다.(154) 관여 측정도구는 제품의 중요성과 잘못된 제품선택에 따른 부정적 결과의 중요성에 대한 개인의 지각, 잘못된 선택을 할 확률에 대한 개인의 지각, 제품이 개인에게 쾌락적 가치와 즐거움을 줄 수 있는 능력, 제품에 대하여 소비자의 부여하는 상징성 등의 네 차원에 의해 측정할 수 있는 개념이다.
1994	성영신	다한 소비행동 중에서 충동구매가 중요한 이유는 이것이 부정적인 감정을 해소하거나 즉각적인 자기만

		족감을 얻기 위해서 또는 특정한 문제를 외면하려고 구매를 하는 경향이기 때문이다.(46)
1994	선정화 박은주	의류제품 구매 시 판매원의 조언이나 권유와 같은 인적정보가 비계획 구매에 가장 큰 요인이라고 하였으며, 비계획 구매에 속하는 충동구매에는 제품의 신분 상징성이 큰 영향을 미친다고 하였다. 즉 판매원이 제시하는 정보중 제품의 신분 혹은 지위에 대한 정보는 비계획 구매에 큰 영향을 미치는 것으로 볼 수 있다.(58)
1995	Leuba	대부분의 소비자들은 어느 정도의 충동구매성향을 가지고 있기 때문에 충동구매행동을 통해 이러한 쾌락적 욕구를 충족시키며, 소비자들의 최적자극 수준이 일상생활 자극 수준보다 높을 때 이러한 충동구매의 가능성은 높아진다.(168)
1995	Rook Fisher	충동구매를 또 다른 형태의 충동적 행동으로 연결 지어 설명한 행동적 모형의 개발을 통하여 충동구매의 심리학적 영역에 대한 종합적이고 기술적인 설명을 제공하고 있다. 그들은 일반적 개인 성향의 측정을 소비자관련 특성으로 변용, 발전시켜 구매충동의 특성을 측정할 수 있는 심리학적 척도 모형을 개발하였으며, 충동적성향의 소비자는 충동구매를 더욱 강요받고, 또한 즉각적 만족을 강력히 선호하는 소비의 영역으로 흘러들어 간다고 하였다.(158) 충동구매를 이끄는 요인으로는 개인의 내적요인인 심리적, 감정적 성향에 따른 영향으로부터 마케팅적인 외부의 자극 및 노출로 인한 측면까지 연구되어지고 있다.

		측정상의 한계를 극복하고자 충동구매를 또 다른 형태의 충동적 행동으로 연결지어 설명한 행동적 모형의 개발을 통하여 충동구매의 심리적 영역에 대한 종합적이고 기술적인 설명을 제시하였다. 소비자의 심리적 측면을 고려하면서 충동구매를 특정제품군에 대한 구매의도 없이 갑자기 그리고 즉각적으로 발생하는 구매행동으로 정의하기도 하였다.
1995	Leuba	충동구매성향은 소비자에게 어느 정도 내장되어 있으며, 소비자의 최적자극수준이 일상생활자극의 수준보다 높을수록 충동구매자일 확률이 높았다.(230)
1996	김철수	쇼핑동반자의 존재가 충동구매에 영향을 미친다고 하였다.(59)
1996	조재영	제품 가격이 소비자의 충동구매행동의 자극 중 직접적이고 강력한 요인이라고 하였다. 그러나 경제수준의 향상으로 소비자들은 절대적으로 저렴한 가격으로 인해 구매하는 경향은 감소하고, 고품질이나 촉진 등의 차별적 마케팅 전략이 각광받고 있다.(220)
1996	안승철	충동구매에 대한 정의는 사전에 구매계획이 없었지만 구매를 하게 된 비계획적 구매와 동일한 개념으로 보는 관점, 그리고 비계획 구매와 달리 소비자의 내적 심리적 욕구에 의해 표출되는 구매행동의 관점이 있다.(116) 충동구매형태를 소비자의 심리적 특성 중 라이프스타일을 기준으로 감성 및 패션 지향형, 장래안정추구형, 편의성추구형, 금전 및 물질 만능형, 보수적 알뜰형 등의 형태로 구분하였다.

		충동구매의 개념을 구매 시 충동구매는 소비자의 내적과정에 의하여 정의내림으로써 충동구매는 소비자가 감정적으로 활성화되고 인지적 평가가 줄어들어 발생하고 있음을 시사하고 있다. 충동구매는 소비자에게 일시적으로 만족감을 줄지는 모르지만 궁극적으로는 불필요한 소비와 낭비적 지출을 유발하고 불건전한 소비문화를 형성하는 등 소비자 개인의 복지뿐만 아니라 사회전체에 부정적인 결과를 가져다주기 때문에 충동구매를 예방할 수 있는 방안에 대한 연구가 필요하다.
1996	김미선	연령, 결혼여부, 거주형태, 취업여부, 교육수준에 따라 충동구매 행동이 차를 보였으며, 연령이 낮고, 기혼이며, 비취업자와 교육수준이 낮은 집단일수록 충동구매 행동은 높은 것으로 나타났다.(238)
1996	Malter	충동구매에도 이성적인 측면이 있음을 연구한 최초의 연구자로서 표면적으로 충동구매는 비이성적인 것처럼 보이지만 그러한 행동에는 내제된 인지가 있음을 지적하였다.(240)
1997	조남기	소비자들의 경제수준이 향상됨에 따라 소비자들은 단순히 가격이 저렴하다는 이유만으로 구매하는 경향은 감소하고 있기 때문에 가격요인을 가격할인의 개념으로 바꾸어 사용하고 있다.(231)
1998	Bowen Shoemaker	가격에 민감한 소비자는 다양한 대안 평가를 통해 높은 수준의 충성도가 형성되지 않으며, 가격민감도가 높을수록 플로우가 감소하거나 구매의도가 더 낮아지는 특성을 보인다.(258)

1998	Bayley Nancarrow	충동구매는 대안 정보나 선택에 대한 신중한 고려 없이 자극상황에 노출되었을 때 순간적으로 발생하는 강력하며 쾌락적으로 복잡한 구매행동이다.(160)
1999	강경자	충동구매형태를 소비자의 심리적 특성 중 쇼핑성향을 기준으로 저관여쇼핑형, 경제성쇼핑형, 여가성쇼핑형, 고관여쇼핑형 등으로 구분하였다.(213) 소비자의 심리적 요인 중 라이프스타일 측면에서 충동구매자들 간에 차이가 있다는 사실을 제시하였다. 소비자의 구매행동이 외적자극에 의해서만 결정되는 것이 아니라 소비자 개인의 내적 특성에 의해서도 영향을 받게 되면, 동일한 마케팅 자극에 노출된다하더라도 또는 외적자극에의 노출 없이도 소비자의 내적 요인은 충동구매행동을 유발시키는데 영향을 미치게 된다. 여대생 집단을 쇼핑성향에 따라 세분할 경우 고관여쇼핑형과 여가 쇼핑형에서 그들 자신을 보다 세련되고 현대적이고 특이하며 창조적이고 사교적이며 군중 속에서 두드러지고 생활스타일이 다양한 자아상을 가지고 있으며, 외향적이고 지배적, 마음이 예민한 성격과 개척적인 특성을 갖는 것으로 나타나 충동구매자의 성격을 가진 것으로 보았다.
1999	남승규	충동구매는 비합리적이라기보다는 인지적, 시간적 노력을 적게 들이면서 소비자의 정적정서를 유발하고 이에 부합하는 합리적인 행동으로 해석되기도 한다.(165)
1999	Johnes et al.	충동구매성향은 의도되지 않고, 즉각적이고, 깊이 생

		각되지 않는 구매행동을 일으키기 쉬운 정도로서 표현하고 있으며, 충동구매성향에서 충동구매를 이끌어낼 수 있는 요인을 특정 제품범주에 대한 관여도로서 설명하고 있다.(232)
1999	Shankar et al.	가격민감도는 개인적 기준에 따라 가격에 대해 인식하는 주관적 가치로서 가격탐색과 가격중요도로 설명할 수 있다(김시월, 박배진, 2003; Shankar et al., 1999). 이중 가격탐색은 소비자들이 보다 저렴한 가격을 지불하기 위해 가격을 탐색하는 정도를 말하고, 가격중요성은 다양한 제품속성들 중에서 가격이 가지는 상대적 중요도를 나타낸다.(257)
2000	Dittmar Drury	계획된 구매와 달리 충동구매가 이루어지는 경우 일반적으로 구매 후 후회로 이어지므로 충동구매가 많아지면 사회전체적인 측면에서 소비자 복지가 감소하게 되는 결과를 낳게 된다.(106)
2000	Bhatnagar et al.	인터넷 쇼핑이 짧은 시간에 다양한 상품을 접할 수 있고 결제가 용이하다는 장점이 있지만, 이러한 편의성으로 인해 소비자들은 충동구매에 대한 두려움이나 위험지각을 인지한다고 하였다.(209)
2000	Hausman	소비자들이 재미, 환상, 사회적 혹은 감정적인 만족과 같은 쾌락적인 욕망에 의해 동기부여가 될 때 충동구매를 할 가능성이 더 높아진다.(161) 소비자들은 흥미, 새로움, 다양성 등의 쾌락적 욕구를 만족시키기 위해 충동구매를 하며, 충동성이 자존심이나 자아실현과 같은 욕구들을 성취하는 것과 관련이 있다고 제시하고 있다. 충동구매는 비계획적 구매와는 다른 즉각적으로 제

		품을 구매하고자 하는 강력하고 지속적인 충동에 의한 쾌락적인 구매행동으로 소비자들은 충동구매를 반드시 나쁘게 여기지 않을 뿐 아니라 사후적으로 충동구매를 긍정적으로 평가하기도 한다. 즉 소비자들이 충동구매를 수용할 수 있다고 느낄 때 충동구매와 이후 행동들 간에 긍정적인 상관관계를 보인다고 밝히고 있다. 충동구매는 경험적 관점에서 여러 가지 비경제적 이유 혹은 즐거움, 환상, 사회적, 감정적 만족과 같은 쾌락적 욕구를 위한 구매행동으로 설명될 수 있다. 소비자들은 실제로 충동적인 구매를 통해 조금 더 자유롭고 장난스러우면서도 상대적으로 순수한 무엇인가를 하는 것처럼 느끼기도 하였다. 충동구매 소비자들은 인지적 노력과 기간이 소요되는 탐색 및 평가 과정을 줄일 수 있는 효율적인 행동으로 받아들이고, 충동구매 소비자들이 계획구매 때보다 오히려 더 합리적 행동으로 비용대비 효용평가를 높게 나타낸다고 시사하고 있다.
2000	김영숙	사이버 마켓에서의 구매 경험자를 대상으로 하여 이들의 충동구매성향을 부정적 기분형, 인지적 속성형, 긍정적 기분형, 이미지 일치형, 취미 관련형 및 비계획형으로 분류하였다.(199) 사이버 마켓에서 소비자의 충동구매성향에 대해 배너광고와 구매정도, 이용쇼핑몰 형태의 상품 유통 촉진 변인, 순간적인 기분상태나 쇼핑목적의 소비자 상

		황 변인, 행복추구, 성공추구의 물질주의 소비성향이 영향을 주는 요인이라 하였다. 사이버 마켓에서의 소비자 충동구매성향에 대한 분석을 수행하였는데, 이 연구는 소비자 입장에서의 문제점과 이에 따른 정책방향을 제시하고는 있으나 소비자들의 충동구매에 대한 실태조사 수준으로 단지 인터넷 쇼핑의 전체적인 구매행동 가운데 충동구매 가능성이 높다는 사실을 제시하고 있다. 사이버 마켓에서의 소비자 충동구매성향에 대한 연구를 통하여 물질주의 소비성향과 자기통제성 측면에서의 평소 인터넷 사용태도 및 인터넷 쇼핑형태를 기준하여 충동구매형태를 부정적 기분형, 인지적속성형, 긍정적 기본형, 이미지일치형, 취미관련형, 비계획형 등으로 구분하였다.
2000	박은주 강은미	패션제품에 대한 충동구매에 사전에 구체적인 구매 계획이 없는 상태에서 자극에 의해 내적 욕구가 충동적으로 발생하여 갑작스럽게 이루어지는 호의적 혹은 쾌락적인 감정을 동반하는 구매행동이며, 적은 양의 정보와 감정에 의해 상품이 평가되기 때문에 비합리적인 의사결정이 이루어지기도 한다.(166) 패션제품에서의 충동구매 행동을 보면, 유행성, 색상, 디자인, 유명상표 같은 외형적 특성이나 점포분위기, 판매원의 친절, 디스플레이 등에 의해서도 충동구매 행동이 유발되었으며, 소비자의 물질주의 성향이 클수록, 편의적, 쾌락적, 여가쇼핑성향이 클수록 패션제품에 대한 충동구매행동은 더욱 높게 나타났다.

		충동구매란 상점을 방문하기 전까지 구매의도가 없다가 자극에 노출되었을 때 즉석에서 구매행동에 의해 구매가 이루어지게 되는 비계획 구매의 한 유형을 말한다.
2001	김수영 유두련	구매동반자가 충동구매에 영향을 미치는 변수 중 하나임을 증명하였다.(60)
2001	전달영 최연준	오프라인과 마찬가지로 인터넷에서도 매장환경이 소비자의 충동구매에 영향을 미친다고 하였다.(218)
2001	LaRose	온라인 쇼핑을 통해 가격을 비교하거나 최적의 제품 대안을 검색하는 등의 소비자 통제성은 충동구매 억제에 영향을 줄 수 있다고 한다.(234)
2001	김선화 이영선	대전시의 여대생을 실증 분석하여 쾌락적, 인지적 쇼핑동기가 의류제품의 충동구매에 영향을 미친다고 하였다.(194)
2001	강은미 박은주	의복쇼핑성향으로 소비자를 분류하여 의복 충동구매행동과의 관계를 살펴 이 책에서는 편의적, 쾌락적, 여가적 쇼핑성향을 지닌 소비자일수록, 고관여소비자일수록 의류 제품에 대한 충동구매성향이 높았고, 여가적 쇼핑형과 고관여쇼핑형은 충동구매경향이 높으며, 저관여 쇼핑형이나 경제성 쇼핑형 혹은 합리추구적 성향은 계획구매와 관련이 있는 것으로 나타났다.
2001	김영숙 김미영	부산지역 여대생의 충동구매행동을 비충동구매형 비계획형, 제품관련성 및 인지적 속성형, 긍정적 기분형, 주변권유형, 부정적 기분 및 이미지 일치형으로 유형화하였다.(198)
2001	장현철	구매를 유도하는 광고나 사은품 증정, 세일 등에 의

		해 충동구매를 하게 된다고 제시하였다. 또한 상점 내 배치와 분위기의 변화는 소비자의 기분과 체류시간에 긍정적인 영향을 미쳐 충동구매를 촉진시키며, 효과적인 진열 및 배열은 소비자의 시선을 끌어 충동구매를 유발할 수 있다고 하였다.(221)
2002	박은주 정영옥	오프라인상에서 패션 제품에 대하여 느끼는 쇼핑 감정에 대해 박은주와 정영옥이 즐거운, 불쾌한, 불안한의 세 요인으로 분류하여 충동구매행동에 대해 살펴보았는데 충동구매 집단이 비충동구매집단에 비해 즐거운 감정을 많이 느끼는 것으로 나타났다.(114)
2002	Heilman et al.	충동구매는 이성적이고 합리적인 사고가 결여된 강한 자극적 욕구에 따른 것으로, 충동구매를 유도하기 위해 마케팅 관련 전문가는 디자인, 판촉 홍보활동, 마케팅 기법 다변화 및 혁신을 연구한다.(102)
2003	이은희 종은영	CATV에서의 홈쇼핑을 통한 과거 구매횟수와 시청시간이 충동구매에 정적인 영향을 미친다는 점을 증명했다.(147) CATV홈쇼핑의 충동구매대상자를 대상으로 충동구매의 개념적 차이에 따른 충동구매유형에 대한 분류와 함께 그 특성을 규명하는 연구를 통하여 충동구매유형들 간에 인구통계적 특성과 구매행태에 차이가 있다는 사실을 제시하였다.
2003	김영미	제품의 특성이 소비자의 충동구매 행동 발생에 있어 핵심적인 영향 요인이라고 하였다. 충동구매 행동을 하는 소비자, 다른 한편에서 소비자의 충동구매행동을 자극하는 요인을 제공하는 마케터, 그리고 이러한 충동구매행동의 대상이 되는 제품 등 세 가지 차원은

		소비자의 충동구매행동에 영향을 미치는 핵심적인 요인이 된다.(219)
2003	Jones et al.	제품관여도를 선행변수로 하여 의류와 음악이라는 특정제품의 충동구매에 미치는 영향을 연구한 결과, 제품군별 관여도가 특정제품의 충동구매성향에 영향을 미치는 중요한 변수로 밝혀졌다.(176)
2004	임현정 홍금희	인터넷 의류 소비자들이 지속적 정보 탐색을 많이 하거나 쾌락적 쇼핑동기가 높을수록 충동구매행동이 강해지지만, 충동구매행동이 강할수록 인터넷 쇼핑만족도가 더 많아져 충동구매행동과 쇼핑만족도 간에 부적인 영향관계가 있다고 주장하였다.(206)
2004	Madhavaram Laverie	소비자들이 인터넷에서 계획 없이 구매하거나 마케팅자극에 무의식적으로 반응하여 구매의도를 전환하는 것을 충동구매로 이해하고 있다고 하였다.(210)
2004	Koski	인터넷에서 충동구매를 촉진하는 요인은 접속 용이성, 다양한 상품, 판촉전략 등인 반면, 충동구매를 저해하는 용인은 보상지연, 소비자 통제의 증가, 가격과 제품의 비교 등이다.(205)
2005	김화동	김화동은 기존의 연구를 바탕으로 충동구매성향을 세 가지로 분류하였다. 구체적으로 첫째, 제품에 대한 사전정보 없이 즉흥적으로 구매하는 암시, 순수적 충동구매, 둘째, 가격이나 사은품 등의 판촉에 영향을 받는 자극적 충동구매, 셋째, 과거의 경험에 근거한 상기적 충동구매성향으로 구분하였다. 세 유형 중에서 자극적 충동구매 집단이 충동구매 후 전반적 만족도, 재구매의도, 타인 구전의도가 다른 집단에 비해 높은 것으로 나타났다.(52)

		제품 특성 변인 가운데 제품관여도는 충동구매에 영향을 미칠 수 있다는 점을 직, 간접적으로 증명하였다. 충동구매에 영향을 미치는 요인으로 제품관여도가 충동구매와 유의미한 관계가 있다는 사실을 밝힌 바 있다. 인터넷 홈쇼핑에서의 충동구매의도에 있어서 제품관여도가 낮은 경우와 기업신뢰도가 높은 경우 충동구매의도가 높다고 하였다. 인터넷 쇼핑을 통해 충동구매를 경험한 소비자의 경우 충동구매성향에 따라 전반적 만족도, 재구매의도 및 구전의도에 차이가 있다는 것을 발견하였다. 인터넷 쇼핑에서의 충동구매 유형을 제품에 대한 사전지식 없이 즉흥적 구매의욕에 의한 암시, 순수적 충동구매 집단, 판매촉진 활동에 의한 자극적 충동구매집단, 과거 경험에 의한 상기적 충동구매집단으로 구분하였다.
2005a	박은주	패션제품의 충동구매행동을 사전계획이 전혀 없이 순수하게 충동구매하는 행동으로 정의하고 탐색 활동 없이 특정제품을 구매하고자 돌아다니는 브라우징 행동을 많이 할수록 패션제품의 충동구매행동이 증가한다는 것을 발견하였다.(195)
2005b	박은주	자아이미지와 높게 연관된 패션제품의 경우 소비자들의 쾌락적 소비성향이 높을수록 점포 내 브라우징 활동을 많이 하였고 이로 인하여 충동구매행동도 증

		가하는 경향이 있었으며, 유쾌함이나 새로움, 변화무쌍함 등 쾌락적 소비성향을 만족시키려는 소비자일수록 충동적으로 구매하는 경향이 있었다.(167) 패션 소비자의 충동구매행동을 계획된 충동구매행동, 상기된 충동구매행동, 패션지향적 충동구매행동으로 나누었다.
2005	홍상진	충동구매와 관련된 외적자극 이외에 구매자들의 인지와 관련된 요인으로 소비자의 가치나 구매 전 경험 등이 충동구매를 유발하는 직접적이고 영향력 있는 요인이 동기가 될 수 있다. 이를 위해 소비자의 구매의사결정과정을 설명하는데 적합한 모델로 제시되는 계획된 행위이론(TPB: Theory of Planned Behavior)을 이용하여 충동구매에 대해 구매자가 갖는 합리적인 의사결정과정을 설명하였다.(222)
2006	Park et al.	패션제품의 관여도가 패션제품의 충동구매에 미치는 영향을 연구하였는데, 그 결과 관여도가 충동구매에 가장 큰 영향을 미치는 것으로 나타났다.(178)
2006	이현정 김수미	인터넷 의류 소비자의 충동구매성향을 순수 충동구매, 상기 암시 충동구매, 계획충동구매의 3가지로 나누고 남성보다는 여성에게서 순수충동구매와 계획충동구매가 더 높다고 하였다.(200) 오프라인 매장보다 시간과 장소에 구매를 받지 않은 인터넷 쇼핑몰에서 패션상품을 구매할 때 충동구매가 더 잘 일어난다는 점에서 인터넷 소비자의 충동구매 선행요인과 결과요인을 확인하거나 충동구매행동을 분석하는데 중점을 두고 있다.

		인터넷 소비자의 의류제품 충동구매성향의 영향 요인이 내적요인(의복의 즐거움 추구, 유행혁신성, 위험 감수)과 외적인 상황(시간, 기분, 금전), 마케팅 자극 등이라고 하였다.
2006	Cho et al.	온라인 쇼핑에서는 온라인으로 구매하는 것 자체를 망설이거나 장바구니에 상품을 담아놓고 구매를 망설이는 경우, 결제 단계에서 구매를 망설이는 경우에 세 가지 유형이 나타나고, 인터넷 소비자들은 잘못된 결정 때문에 생길 수 있는 후회를 회피하거나 과거의 부정적인 쇼핑경험으로 인해 최종 결제단계에서 구매를 망설이고 있었다. 뿐만 아니라 보다 많은 정보를 찾거나 비교 쇼핑을 할수록 장바구니 상품의 구매 취소가 더 많이 발생하고 있었으므로 순간적으로 구매욕구를 느껴 상품을 장바구니에 담을지라도 비교 쇼핑을 하는 과정에서 구매결정을 연기할 가능성이 높아질 수 있다.(211)
2006	Macinnis Patrick	일반적으로 사람들은 충동에 굴복하고 탐닉적 행동을 하는 것에 죄책감을 느끼지만 이를 경험하는 정도는 개인의 충동경향성 정도에 따라 다르다.(155) 구매충동성이 높은 사람이 행동의 결과에 대해 반영할 수 있는 능력이 없는 것이 아니라 충동구매욕구가 통제욕구보다 현저하기 때문에 충동통제에 실패한다고 지적한다.
2007	이영주	의복 관여도가 온라인상에서의 의복 충동구매에 미치는 영향을 연구한 결과, 충동구매집단의 의복 관여도가 비충동구매집단 보다 높게 나타났다.(179)

		온라인에서 의류구매경험이 있는 대학생의 충동구매에 웹 사이트의 프로모션과 제품/정책 정보가 영향을 준다고 하였다.
2007	이은진 나윤규	일반적으로 소비자의 구매의사결정과정은 문제인식에서 정보탐색, 대안평가, 구매 및 구매 후 평가의 5단계로 구성되지만, 충동구매 결정과정은 사전문제인식에 의한 정보탐색과정을 거치지 않고 자극에 노출되어 대한의 평가 없이 쾌락적, 감정적 활성화를 통해 구매 결정을 함으로 비계획 구매와 동의어로 간주되기도 한다.(191)
2007	Ramanathan &Williams	충동구매경향성과 관련하여 제품유형선호에 대한 선행연구에서도 참가자는 충동적 경향이 강할 때 실용재보다 쾌락재를 더 많이 선택하였다.(156)
2007	Anton et al.	가격변화나 서비스 실패로 인하여 전환의도가 발생한다고 하였다.(212)
2007	Voh Faber	충동구매는 사전에 계획이 없이 즉흥적인 행동으로 이루어지기 때문에 비계획적인 구매와 충동적 구매를 동일 의미로 사용하고 있다.(189)
2008	고성영	비계획 구매를 구매의사결정과정에 의해 유형화하고 충동구매를 재정하였다. 즉, 구매의사결정과정에서 긍정적인 이성적, 감정적 평가를 바탕으로 구매결정이 이루어진 것을 합리적 비계획 구매, 이성적 평가 또는 감정적 평가 중 어느 하나가 충족되지 못한 상태에서 구매결정이 이루어진 것을 충동구매라 정의하였다.(183)
2008	김연경	인터넷 패션 소비자의 충동구매성향을 부정적 기분회피형, 주변권유형, 이미지일치형, 비계획형, 긍정적

		기분형, 기호 관여형, 제품속성 관여형의 7개 요인으로 분류하였다.(201) 서울 지역 대학생을 조사하여 인터넷 쇼핑몰의 마케팅 자극요인(제품, 가격, 촉진 및 유통요인)이 충동구매에 영향을 미침과 동시에 충동구매성향이 높을수록 인터넷 쇼핑몰에서 의류상품을 재구매할 가능성이 높다고 하였다.
2008	Chen	충동적 행동에 관한 개인의 내적 차이가 인터넷에서의 충동구매성향을 결정짓는다고 하였다.(204)
2008	변현수	인터넷 소비자의 신뢰와 충동이 쇼핑몰에서의 몰입을 거쳐 구매의도와 충성도에 영향을 주고 있었다. (207)
2008	오종철	충동구매는 쇼핑을 하기 전에 문제인식이 이루어지거나 구매의도가 형성되지 않고 행하여지는 구매행동을 말한다. 충동구매성향은 소비자의 구매의사결정과정을 파악하는데 있어 중요한 내적 변인이라 할 수 있다.(190) 인터넷에서 디지털 콘텐츠의 구매경험이 있는 학생과 직장인을 대상으로 하여 충동구매의 외적 자극요인인 제품, 가격 및 촉진자극과 내적 동기요인인 태도가 충동구매행동에 영향을 미치고, 충동구매행동은 디지털 콘텐츠 만족에, 만족은 재구매의도에 영향을 주는 요인이라고 밝혔다. 인터넷 쇼핑몰에서의 충동구매가 소비자의 부정적인 감정을 일으킬 수 있어 인터넷 패션 소비자가 지니고 있는 충동구매성향은 구매결정연기나 전환구매의도와 같은 부정적 구매행동에 영향을 미칠 것이다.

2009	황선진 백소라	인터넷 공동구매상황에서 소비자의 충동구매성향, 의류제품의 가격, 그리고 제시되는 희소성 메시지가 호의도와 구매의도에 미치는 영향에 대해 살펴보았다. (145) 인터넷 공동구매에서 의류제품의 가격할인이 충동구매성향에 영향을 미치는 요인이라고 언급하였다. 인터넷 쇼핑몰의 가격 전략은 충동구매를 일으키거나 전환의도를 유발할 수 있다. 인터넷 공동구매시 충동구매성향이 높은 집단에서 저가의 의류제품보다 고가의 의류제품에 더 높은 구매의도를 보였으므로 인터넷 공동구매 의류를 기획할 때 충동구매성향이 높은 소비자에게 고가 의류를 제시하는 것이 효율적이라고 제안하였다.
2009	서문식 외	1980년대 이후부터 충동구매의 특성상 개인의 심리적 특성을 고려하는 것이 연구의 주제로 부각되기 시작하였다.(182) 충동구매자들은 충동구매를 통해 자신이 얻고자 하는 가치를 획득하고 그 속에서 특정한 긍정적 감정을 경험하면서 쇼핑만족을 얻을 수 있다고 하였다.
2009	장현선	인터넷 패션소비자의 충동구매 측정을 위한 척도 개발을 통하여 외부적 충동구매 요인 자극적 충동구매와 상기적 충동구매, 내부적 충동구매요인인 감정적 충동구매, 상황적 충동구매로 구성된 총 25개의 최종 척도항목을 제시하였다.(202)

2009	Parboteeah Valacich Wells	충동구매를 개인이 전혀 고려하지 않았던 제품을 구매하는 순수충동구매, 욕구가 있던 제품을 구매현장에서 기억하고 구매하는 회상형 충동구매, 제품을 보거나 제안을 받고서 필요하다는 욕구가 생겨서 구매하는 제안형 충동구매, 그리고 계획적으로 어떤 제품을 사러 갔지만 구체적인 브랜드나 모델은 프로모션에 의해 결정하는 계획적 충동구매의 네 가지 형태로 구분하였다.(233)
2009	김민철	청소년들의 스포츠용품 구매결정 과정에서 나타나는 충동구매에 대한 매개효과 검증을 실시하여 판매서비스와 구매결정의 과정에서 충동구매의 매개효과는 직접효과와 간접효과가 동시에 나타난 부분매개효과를 지지하였다.(146) 판매서비스 및 촉진광고와 구매결정의 과정에서 충동구매의 직접 혹은 간접효과가 동시에 나타났다.
2010	전대근 외	젊은 남성 소비자의 유행혁신성이 높을수록 충동구매가 더 증가하고 있지만, 니들 연구는 패션소비자의 충동구매를 3-7개 항목으로 구성된 단일 차원으로 측정하고 있을 뿐 충동구매의 유행화는 이루어지지 않고 있다.(196)
2011	추리리	백화점과 할인점, 일반점포를 이용하는 소비자의 충동구매성향이 충동구매 후의 만족도에 영향을 준다고 하였다.(208)
2011	Schwartz	모바일 상거래의 특징을 충동경제라 규정하고, 타 유형의 상거래에 비해 모바일 상거래 채널에서의 충동구매 가능성이 높다고 주장하였다.(96)

		모바일 충동구매 소비자들이 지나치게 가격에 민감해지고, 자신이 획득한 쇼핑정보에 대해 과잉 맹신하여 구매가 충동적으로 이루어지는 메커니즘을 가지고 있다고 한다. 소비자가 자진 혹은 지각하는 이러한 특성은 즉각적 요구를 충족시켜 줄 수 있는 모바일 환경에서 쉽게 충동구매로 이어지게 된다.
2012	전상택 이형	충동구매는 소비자의 정신적, 심리적 요인이 원인이 되어 발생하기도 하는데 예를 들어 다른 사람에게 과시하고 싶다거나, 스트레스 해소를 위한 방법으로 행해지기도 한다. 즉, 소비자의 개인적 특성에 따라서 또는 특수한 상황에서 반사적으로 충동구매는 이루어진다고 할 수 있다.(115) 선행연구를 종합해 보면 충동구매는 사전에 계획하지는 않았지만 구매가 이루어진 비계획 구매와 동의어로 보는 관점이 있고, 또 비계획 구매 중에서 충동이라는 소비자 내적 욕구에 의한 것이라는 점에서 비계획 구매의 한 유형으로 보는 관점이 있다. 이러한 충동구매는 점포에 들어서기 전에 미리 구매결정을 하거나 혹은 계획의 결과로서 이루어지는 계획구매에 대립되는 개념으로 정의된다.
		충동구매는 일반적으로 두 가지 요인으로 요약되어질 수 있는데, 첫째, 충동구매 과정에서의 외부적 요인이다. 이는 마케팅 자극요인과 상황요인으로 재구분되어진다. 마케팅자극요인은 자사제품의 노출기회를 증가시켜 소비자들로 하여금 즉각적으로 구매행

		동으로 유인하는 마케팅 자극 활동이고, 상황요인은 시간과 장소에 영향을 받아 소비자들을 제품 구매 상황으로 유인하는 것을 말한다. 둘째, 충동구매에 대한 소비자의 내적심리 특성요인이다. 이는 마케팅자극과 상황에 노출된 외적자극 없이도 보다 빠르고 강하게 소비자에게 구매에 대한 충동을 일으킬 수 있다.(256)
2013	Wu Ye	충동구매란 원래 즉각적인 구매 욕구에 의해 발생하게 되는데 모바일 기기는 이러한 구매충동을 즉각적으로 충족시키는데 유용하기 때문이다.(97)
2013	Muruganant ham Bhakat	충동구매는 이성적이고 합리적인 구매라기보다는 비이성적이며 감성적인 구매이다.(104) 충동구매는 다양한 문헌에서 부정적인 행동으로 취급되고 있다.
2014	김영미, 이형주	가격에 민감한 소비자들은 싸다면 무조건 사게 되는 충동구매를 할 가능성이 높다고 한다.(103)
2014	양윤 박민지	충동구매가 지나치게 되면, 소비자가 경제적으로 어려움을 겪을 뿐만 아니라 심리적인 죄책감과 우울함 등을 경험할 수도 있다.(53)
2016	양윤	비록 체면민감성과 인터넷 충동구매성향의 관계에 대해 직접적으로 살펴 이 책은 부재하지만, 체면민감성이 비계획적인 소비와 관련이 있다는 기존연구의 결과에서 실마리를 찾을 수 있다. 구체적으로 골프용품의 소비에 있어 체면민감성과 소비성향의 관계를 연구한 결과, 체면민감성의 하위요인인 타인의식이 충동구매성향에 유의미한 영향을 미치는 것으로 나타났다.(54)

2016	박은주 강은미	최근 소비자들이 인터넷 쇼핑몰에서 충동구매 후 만족을 느끼는지에 대한 연구를 통해 이전의 결과와는 달리 충동구매 후 만족도가 높게 나타남을 밝혔다. (180) 최근의 연구결과에서 소비자들이 충동구매 후 기분전환, 욕구 해소, 제품 획득 등으로 인한 긍정적 정서 또는 만족감을 느끼는 것을 보여주고, 충동구매에 관한 긍정적 측면이 강조되고 있다고 언급하였다.
2016	오희선	충동구매성향을 비계획 충동구매성향, 기분전환 충동구매성향, 판촉자극 충동구매성향, 제품자극 충동구매성향, 주변추천 충동구매성향의 다섯 가지로 분류하여 충동구매성향이 쇼핑만족에 미치는 영향 관계를 연구한 결과 제품자극 충동구매성향, 기분전환 충동구매성향, 판촉자극 충동구매성향, 비계획 충동구매성향의 순으로 쇼핑만족에 정(+)의 영향을 미치는 것으로 나타났다.(181)

〈부록 6〉관여도에 관한 선행연구 자료 정리

년도	출처	주요관점
1947	Sherif Cantril	관여도는 Sherif and Cantril의 연구를 통해 처음 제시된 이후 태도 변용에 관한 연구에서 중요한 변인으로 이용되고 있다.(148)
1957	Festinger	일반적으로 관여도는 소비자 행동에서의 개인 간의 차이를 설명하는 중요한 사회심리학적 변수로 밝혀져 있다.(162)
1965	Krugman	1960년대 중반 사회심리학으로부터 관여 개념을 끌어와서 마케팅 및 소비자행동 분야에 처음 도입한 Krugman(1965)은 개인적 상황과 자극 사이에 형성하는 결합들을 강조함으로써 관여를 자아 관여적 관점과는 다르게 정의하고 있다.(157) 일반적 관여도의 개념은 사회심리학에서 도입한 이후 마케팅과 소비자 행동 영역에서는 Krugman(1965)에 의해 다루어지기 시작하였는데 태도와 행동과의 관계에 대한 조절변수의 하나로 도입되면서 소비자 행동 연구의 주요영역으로 다루어지게 되었다.
1967	Krugman	설득 자극에 대한 개인적인 관심이나 관련성이 높을 때 고관여가 발생하고 관련성이 낮을 때 저관여가 발생한다고 하였다.(173)
1975	Rothschild	관여도를 3가지 개념으로 설명하였는데, 제품이나 상황의 특성, 소비자 위험부담 등에 의해 결정되는 상황적 관여도, 소비자 자신의 과거 경험이나 제품에 대한 관심도에 의해 결정되는 지속적 관여도, 이 두 가지 관여도간의 상호작용에 의하여 결정되

		는 반복적 관여도로 관여도의 개념을 설명하였다. (174) 지속적 관여를 상황에 개입되는 일반적인 목적물 집단에 대하여 개인이 가지는 관여의 수준이라고 정의하였다.
1979	Mitchell	학습과정과 반응측면에서의 관여도를 연구하였는데, 이에 따르면 관여도를 그 수준에 따라 2분화하여 고관여와 저관여 유형으로 구분하고 그 유형에 따라 차이가 있음을 제시하였다. 즉, 특정 제품에 대해 소비자가 고관여 수준을 보일 때는 제품에 대해 일어나는 각성, 관심, 감정적 집착 등의 정도가 높은 내면의 상태에 소비자가 저관여 수준을 보일 때는 그 정도가 낮은 내면의 상태로서, 고관여 수준에서는 제품에 대한 정보탐색과 대안평가에 적극성과 신중성을 나타내고 저관여 수준에서는 나타낸다는 것이다.(245)
1981	Kassarjian	소비자의 성격특성과 구매관여도는 상관관계가 있으며, 구매관여도는 소비자 성격이 소비자 행동에 미치는 영향에서 매개역할을 한다고 하였다.(163)
1982	Engel & Blackwell	관여도를 본래의 욕구, 가치, 관심을 기초로 하여 대상에 대한 한 개인의 인지된 관련성이라고 하였다.(172)
1982	Bloch	관여도를 상황적 관여와 지속적 관여 두 가지 유형으로 나누었다. 상황적 관여를 구매나 예상되는 상황에서 특별한 외생적 목적을 달성하려는 욕망에 근거하여 소비자가 제품에 대해서 갖는 일시적인 관심이라고 정의하였다.(243)

		대상을 제품에 한정한 뒤 좀 더 포괄적인 의미를 가미하여 상황적 영향에 독립적이고, 제품이 개인의 욕구와 가치에 관련된 강도에 따라 결정되는 제품에 대한 장기적인 흥미와 관심이라고 정의하였다.
1983	Bloch Richins	지속적 제품관여도란 제품에 대한 비교적 장기적인 중요성이나 관심도의 수준이다.(69)
1984	Antil	관여도란 개인적으로 인식된 중요성의 정도나 특별한 상황 안에서 자극에 의해 발생된 관심의 정도다.(171) 고관여란 제품에 의해 일어나는 각성, 흥미, 감정적 연관성의 수준이 높은 내면의 상태를 말하며, 저관여란 각성, 흥미, 연관성의 수준의 낮은 상태라 하였다. 하지만 Antil은 관여수준을 고관여와 저관여로 이원화하는 것은 설명의 편의와 단순화를 위한 것에 불과하며, 관여라는 것은 이와 같이 정확히 나눠진 것이 아니라 하나의 연속선상에 있는 연속적인 개념이라고 하였다.
1985	Zaichkowsky	제품관여도의 개념으로 특정 제품에 대한 개인의 중요성, 지각정도 및 관심의 정도이거나 주어진 상황에서 특정 제품에 대한 개인의 관련성 지각정도라고 정의되어 이용되고 있다.(151) 제품관여도는 그 대상을 무엇으로 하느냐에 따라 학자들마다 다양한 개념으로 설명하고 있는데, 이를 종합해 보면 주어진 상황에서 특정상품에 대한 개인의 중요성 지각정도 또는 관심도이거나 개인의

		관련성 지각정도라고 정의되어진다. 관여도는 제품이나 구매 결정이 소비자들에게 개인적으로 연관되어 있는 정도로, 제품관여도는 특정 제품에 대한 동기화, 각성 또는 관심의 상태를 말하며 구매 관여도는 소비자가 특정 제품의 구매의사결정에 부여하는 관심의 정도를 말한다. 관여의 수준은 제품속성에 대한 중요성, 상황에 대한 관심, 구매결정의 지각된 위험, 제품의 종류 및 가치 등에 따라 달라진다고 알려져 있다. 제품관여도는 마케팅 및 소비자행동 분야에서 소비자의 행동을 설명하는데 있어 중요한 변수라 할 수 있다. 제품관여도란 제품에 대한 소비자의 관심, 중요성, 관련성 정도로 정의되며, 소비자의 제품 구매 의사결정에 있어 제품에 대한 관여도 수준에 따라 차이가 있음을 밝히고 있다.
1986	Petty Cacioppo	관여에 대하여 어떤 특정 제품에 대한 개인적 관련으로 정의하였다. (150) 관여의 정도에 따라 고관여(high involvement)와 저관여(low involvement)로 구분하여 개인적 관련 수준에 따라서 메시지에 대한 태도가 다르게 나타난다고 하였다. 즉 개인적 관련이 높은 제품에 대해서는 높은 관여도가 형성되어 메시지 정보처리에 있어 메시지에 대해 열심히 생각하고 제품에 대한 속성이나 장단점 등을 파악하기 위해 노력을 통해서 태도를 형성하게 된다. 반면에 관심이 없거나 중요하지 않다고 생각하는 개인적 관련이 낮은 제

		품에 대해서는 낮은 관여도가 형성되어 메시지 정보처리에 있어서 실제 메시지의 내용과는 관련성이 없는 광고모델 등과 같은 주변적 단서를 통하여 태도를 형성하게 된다. 관여도를 ELM모델(Elaboration Likelihood Model)을 이용하여 "어떤 대상, 이유, 상황 등에 대하여 일어나는 개인적인 관련성 또는 개인이 가진 중요도와 문제 해결을 위한 노력의 정도"로 정의하였다.
1990	이상빈 안우식	구매 관여가 높은 사람들은 구매 관여가 낮은 사람들에 비해 쇼핑자체를 선호하고 충동적 구매경향이 있다고 하였다.(262).
1993	Engel Blackwell	관여의 정도를 고관여와 저관여로 나누고 각각에 대해 다른 의사결정을 나타내는 모형을 제시하였다. 즉, 고관여 상황에서는 의사결정의 5단계(문제인식, 정보탐색, 대안평가, 선택, 선택 후 행동) 모두를 포함하는 복잡한 방법으로 평가된다. 반면에 저관여 상황에서는 적극적인 정보탐색이 없이 비자발적으로 정보에 노출되는 경우가 많고 의사결정과정에 있어서 문제의 인식에 대한 평가를 거치지 않고 직접 선택행위로 연결된다.(244)
1998	Celsi Olson	쇼핑관여가 높은 소비자는 쇼핑행위를 수행하기 위한 정보의 탐색이나 여러 가지 상황에 더 많은 의미를 부여하여, 제품자체의 실용적인 면을 보다 중요시할 가능성이 있다.(153) 소비자의 쇼핑에 대한 관여의 수준 차이는 쇼핑행동에 여러 가지 영향을 미칠 수 있는데, 쇼핑에 대한 관여가 높은 소비자는 쇼핑행동을 수행하기 위

		한 정보의 탐색이나 여러 가지 상황에 더 많은 의미를 부여하여, 제품자체의 실용적인 면을 보다 중요시하고, 더 많은 시간을 쇼핑에 투자할 수도 있다.
		관여가 높은 소비자는 쇼핑에 대한 정보에 더 많은 관심을 가지고 정보를 처리하려고 하며 쇼핑상황에 대해서 더 정교한 의미를 부여할 것이라고 하였다.
2000	리대용 이상빈	관여도를 지각된 개인적 중요성, 그리고 특정 상황에서의 한 자극(또는 자극들)에 의해 유발되는 관심의 수준으로 정의를 내렸다.(149)
2002	이종명 이선재	관여도를 주어진 상황에서 특정대상에 대한 개인의 중요성지각정도, 관심도 혹은 개인의 관련성지각정도로 설명하고 있다.(246)
2003	이학식 외	관여는 주어진 상황에서 특정대상에 대한 개인의 중요성 혹은 관련성의 지각정도를 의미하는 것으로 개인의 내재적 기가, 가치관, 관심을 기초로 한 개인과 대상간의 지각된 관련성으로 정의될 수 있다. (152)
2003	Jones et al.	제품관여도를 선행변수로 하여 의류와 음악이라는 특정제품의 충동구매에 미치는 영향을 연구한 결과, 제품군별 관여도가 특정제품의 충동구매성향에 영향을 미치는 중요한 변수로 밝혀졌다.(261)
2006	Park et al.	패션제품의 관여도가 패션제품의 충동구매에 미치는 영향을 연구를 하였는데, 그 결과 관여도가 충동구매에 가장 큰 영향을 미치는 것으로 나타났다. (263)
2009	이혜경	관여도가 높으면 대상에 대한 주의가 증가해서 능

		동적으로 많은 정보를 탐색하는 행동을 하게 되고 관여도가 낮으면 수동적인 상태가 되기 때문에 정보탐색도 수동적이고 매우 제한적인 특성을 갖게 된다고 하였다.(175)
2013	김영배	관여도는 제품이나 이슈, 상황 등에 대해 개인이 부여하는 중요성의 정도 또는 관심의 정도로 제안할 수 있으며, 나아가 제품에 대해서 소비자가 지각하는 지속적인 개인적 관련성을 제품관여도로 정의할 수 있다.(247)

<부록 7> 만족에 관한 선행연구 자료 정리

년도	출처	주요관점
1969	Howard Sheth	구매 후 산출된 만족이 상표이해에 영향을 미치고 상표이해는 다시 태도와 확신에 영향을 미쳐 다시 제품의 구매 시 영향을 미친다고 하였다.(215)
1973	Anderson	소비자의 구매 후 과정모델에 의하면 대안의 구매 전 평가가 구매행동과 구매기대에 영향을 미치고, 구매기대는 비교과정을 거쳐서 만족 또는 불만족을 이끌며 이러한 만족 또는 불만족은 재구매 의사결정에 영향을 미치는 영향변인으로 작용되어짐을 알 수 있다. (217)
1982	Weinberg Gorrwald	충동구매자들은 비충동구매자들에 비해 즐거움, 기쁨, 열광, 유쾌함 등의 긍정적 감정이 훨씬 더 활성화 되어 있다고 하였다.(229)
1985	Gilly Hansen	소비자 구매 후 행동모델에 의하면 소비자는 구매 후 성과를 비교하는 과정을 거쳐 만족 또는 불만족했을 때는 다시 불평행동을 하여 다시 비교과정을 거쳐 만족 또는 불만족했을 때는 다시 불평행동 등을 하여 다시 비교과정을 거친 후 만족을 추구한다고 하였다. (216) 소비자는 구매 후 성과를 비교하는 과정을 통해 만족 또는 불만족했을 때 다시 불평행동을 하여 비교과정을 거친 후 만족을 추구한다고 하였다.
1985	박명희	구매 전 대안의 평가가 구매행동 및 구매기대에 영향을 미치고 구매기대는 비교과정을 거쳐서 만족 또는

		불만족을 나타낸다.(223)
		정보탐색의 수준과 정도가 소비자의 만족도를 증가시킬 수 있다고 지적하였다.
1988	Gardner Rook	충동구매는 소비자 개인의 자아존중감을 향상시킬 뿐만 아니라 제품의 획득, 욕구충족, 기분전환 등의 이유로 기분이 좋지 않거나 부정적인 기분상태를 타파하는 효과적인 방법 중의 하나라고 제시하면서 충동구매 후에 긍정적 감정이 형성된다고 주장하였다.(229)
1995	Yoo et al.	충동구매 후의 긍정적 감정이 소비자들의 재방문이나 재구매의사에 영향을 미친다는 사실도 밝혀지고 있다.(225)
1997	Oliver	고객만족을 충족상태가 유쾌한 수준에서 제공되었는지 여부에 대한 판단이라고 정의하였다.(184)
2000	Kotler	구매만족이란 사람들의 기대치와 관련하여 그 제품에 대한 지각하고 있는 성능을 비교하여 나타나는 고객 개인이 느끼는 즐거움이나 실망감이며, 만족수준은 지각하고 있는 성능과 기대치간의 차이를 뜻한다.(83)
2000	유현정 김기옥	온라인 거래에 있어서 구매 만족은 특정 제품/서비스의 구매 경험에 대한 인지적 반응과 주관적으로 느끼는 정서적 반응을 포함한 개념으로, 정보, 상품의 다양성/효율성, 구매 후 서비스에 대한 신뢰감, 시간과 공간을 초월한 자유로움, 지불 배송에 대한 신뢰감, 익명성의 흥미로움 등으로 구성된다고 하였으며 구매 만족은 소비자의 기대, 가격 그리고 구매과정에서의 특정에 의하여 영향을 받는다고 하였다.(255)
2000	이유재	고객만족은 수많은 연구에서 다양하게 정의되는데,

		크게 결과와 과정이라는 두 가지 측면으로 구분된다. (185)
2002	곽동성	구매 후 행동은 소비자의 의사결정과정 중 마지막 단계에서 발생하는 행동으로써 소비자가 사전에 기대했던 전반적인 느낌이나 태도 등을 기준으로 구매한 제품에 대한 평가가 이루어지는 행동이다.(214)
2005	안광호 외	소비자의 기대와 제품의 지각된 성능간의 차이가 곧 만족, 불만족이며 기대보다 실제 제품 성능이 높으면 만족이 기대보다 실제 성능이 낮으면 불만족이 발생한다고 하였다. 즉 소비자 기대와 지각된 제품 성과간의 불일치 정도를 만족, 불만족으로 보았다.(254)
2006	Tom	충동구매는 후회를 유발할 가능성이 높은데 한 연구에 따르면 충동구매자가 구매 후 후회를 경험할 확률이 계획구매자보다 2배 이상 높게 나타났다.(235)
2009	문희강 윤남희	패션제품 구매 후에 충동구매자들이 경험하는 긍정적 감정과 긍정적 구매평가 간의 영향관계를 보인 것이 대표적 연구라고 할 수 있다. 홈쇼핑 충동구매에 대한 구매 후 평가에서 소비자들은 충동구매를 긍정적으로 생각하는 것으로 나타났다. 이 연구에서 충동구매를 하였다고 응답한 소비자들이 충동구매를 하지 않은 소비자에 비해 긍정적 구매 후 평가를 하였다. 특히 구매횟수가 많고, 구매금액이 클수록 충동구매에 대해 긍정적 평가를 하였으며, 소비자 자신의 충동구매 성향이 높을수록 충동구매에 대해 긍정적 평가를 하였다.(226)
2009	서문식 외	충동구매를 소비자 만족의 측면에서 보면 충동구매자들은 자신이 추구하고자 하는 가치를 얻기 위해 노력

		하고 있으며, 소비과정을 통해 스스로 획득한 가치에 대해 만족하고 있다고 볼 수 있다.(224)
2013	손영화	결과측면에서의 정의에 대해, 소비자가 치른 대가에 대하여 적절 또는 부적절하게 보상되었다고 느끼는 소비자의 인지적 상태, 구매한 특정 제품, 서비스, 소매상, 쇼핑, 구매행동 등과 같은 행태와 관련된 감정적 반응, 소비자가 소비경험에 대해 사전에 가지고 있던 감정이 기대와 불일치되어 복합적으로 결합해 발생한 종합적 상태 등으로 정의하였고, 과정측면에서는 소비경험이 최소한의 기대치 보다 좋았다는 평가, 선택된 대안이 그 대안에 대한 사전 신념과 일치되었다는 평가, 사전 기대와 소비 후 지각된 제품 성과 간의 차이에 대한 소비자 반응 등으로 구분하여 정의하였다.(186)
2014	공문성 오연경	충동구매 성향이 높을수록 충동구매 후 평가가 긍정적인 연구결과도 있었다.(227)
2015	리선아 이유재	고객만족이 고객이 태도와 행동에 미치는 영향을 검증했는데, 그 결과 고객충성도, 재구매의도, 구전의도, 불평행동의 변수들이 고객만족과 기업성과의 관계에서 매개역할을 한다는 점을 밝혔고, 고객만족은 긍정적 경험을 구전하여 신규고객을 확보하는 동시에 재구매의도를 높여 구매빈도를 증가시킨다는 점에서 공격효과가 있으며, 기존고객을 유지하고 고객의 전환을 감소시키는 차원에서 수비효과가 있다는 점을 시사하였다.(187)

〈부록 8〉 체면민감성, 충동구매성향, 관여도 및 만족의 선행연구 출처 정리

번호	출처
1	최상진, 김기범(2000), 체면의 심리적구조, 한국심리학회지, 14(1), 185-202.
2	조용현, 이경근(2007), 한국인의 문화심리특성이 지식경영활동에 미치는 영향: 체면민감도와 우리성 지각을 중심으로, 산업경제연구, 20(4), 1689-1715.
3	장해순, 한주리, 이인희(2008), 출판사 조직구성원의 체면민감성, 인상관리동기, 부정적 평가에 대한 두려움이 커뮤니케이션 불안감에 미치는 영향, 한국출판학연구, 34(1), 293-322.
4	김재휘, 김태훈, 전진안(2008), 체면이 비계획적 상향소비에 미치는 영향, 심리학회지, 9(2), 149-168.
5	윤태림(1965), 한국인 성격에 대한 연구, 미간행 박사학위논문, 서울대학교 대학원.
5	전병준(1990), 체면이 상사의 반응행위에 미치는 영향, 미간행 석사학위논문, 서울대학교 대학원.
6	이충원, 김효창(2006), 체면민감성, 자아존중감, 사회적 불안이 불확실성 회피에 미치는 영향, 한국심리학회지, 23(3), 17-30.
7	정지원, 정순희, 차경욱(2003), 물질주의성향과 과시소비성향이 수입명품선호도에 미치는 영향: 대학생 소비자를 중심으로, 한국가정관리학회지, 21(5), 181-192.
8	오세숙, 김종순, 김성준(2011), 골프 참여자의 여가행동 영향요인 분석, 한국여성체육학회지, 25(3), 205-219.
9	신기범, 한광령, 조경훈(2015), 배드민턴 동호회의 조직문화에 따른

	체면민감성 연구, 한국체육과학회지, 24(2), 121-134.
10	김난도(2007), 사치의 나라, 럭셔리코리아, 서울미래의창.
11	최상진, 유승엽(1992), 한국인이 체면에 대한 사회심리학적 한 분석, 한국심리학회지, 6(2), 137-157.
12	이명현, 이형룡(2013), 골프참여자의 체면민감성과 소비성향의 관계에서 성별과 골프실력의 조절효과에 대한 연구, 호텔경영학연구, 22(5), 61-82.
13	최혜연(2014), 댄스스포츠 참여자의 사회적 태도가 체면민감성 및 상징적 소비성향에 미치는 영향, 한국체육과학회지, 23(2), 147-161.
14	주정희(1997), 사회계층에 따른 주택구매 행동에 관한 연구, 석사학위논문, 건국대학교 대학원.
15	한준오(2003), 한국인의 체면민감성과 신분-가문의식이 과시소비성향에 미치는 영향 분석, 석사학위논문, 중앙대학교 대학원.
16	문정림, 권민혁(2015), 골프참여자의 신분의식이 체면민감성 및 골프소비유형에 미치는 영향, 한국웰니스학회지, 10(4), 25-38.
17	남상백(2012), 스포츠 참여자의 자아존중감과 과시적 소비성향간의 관계에서 체면민감성의 매개효과, 한국체육학회지, 25(3), 533-546.
18	정명선, 김혜진(2009), 체면민감성, 과시소비성향, 패션 명품선호도가 패션 명품 복제품의 구매 행동에 미치는 영향, 복식문화연구, 17(2), 189-202.
19	최재석(1994), 한국인의 사회적 성격, 서울: 배문사.
20	최상진(2011), 한국인의 심리학, 서울: 학지사.
21	Ho, D, Y, F.(1976), "On the concept of Face," American Journal of Sociology, 81(4): 867-884.
21	Hsu, F, C, K (1983), Rugged individualism reconsidered, Knoxville,

	T.N: The University of Tennessee.
21	Brown, P., & Levinson, S.(1987), Politeness: Some universals in languages, Cambridge: Cambridge University Press, 89–121.
22	김창규(2010), 체면과 분노, 호남문화연구, 48, 33–70.
23	Stover, L. E., & Stover, T. K.(1976), China: An Anthropological Perspective, Pacific Pelisades, CA: Good Year Publishing: 202–207.
23	Bloddworth, D. (1980), The Chinese looking glass. New York: Farrar, Strauss and Giroux.
24	박오수, 임유신, 고동운(2008), 부하체면에 다영향을 미치는 상사행위의 구성개념 및 측정에 관한 연구, 인사·조직연구, 16(3), 109–159.
25	Apsler, R.(1975), Effect of embarrassment on behavior toward others, Journal of Personality and Social Psychology, 32(1), 145–153.
25	Brown, B. R.(1977), Face saving and restoration in negotiation, In D, Druckman(Ed), Negotiations, Beverly Hills, CA: Sage, 275–299.
25	Edelman.(1985), Social Embarrassment: An analysis of the process, Journal of Social and Personal relationships, 2, 195–213.
26	Goffman, E.(1955), On facework, Psychiatry, 18, 213–231.
27	Bond, M. H.(1991), Beyond the Chinese Face: Insights fromPsychology, Oxford, U.K.: Oxford University Press.
27	유민봉, 심형인, 홍혜숙(2011), 체면의식이 조직행태에 미치는 영향 연구, 한국인사행정학회보, 10(3), 121–143
28	최상진(2011), 한국인의 심리학, 서울: 학지사.
29	김양하(2005), 상징소비의 문화·사회적 의미 분석: 상징소비에 영향을 미치는 인구사회학적, 개인적, 사회적 요인의 다차원 분석을

	중심으로, 중앙대학교 대학원 석사학위논문.
30	김민주(2011), 외식산업 종사자의 체면민감성이 직업태도에 미치는 영향, 외식경영연구, 14(3), 175-199.
31	최상진, 최인재(1999), 정, 체면이 스트레스에 미치는 영향, 한국심리학회지: 건강, 4(1), 41-45.
32	정명선, 김혜진(2009), 체면민감성, 과시소비성향, 패션 명품 선호도가 패션 명품 복제품의 구매행동에 미치는 영향, 복식문화연구, 17(2), 189-202.
33	박상룡, 김선아(2007), 체면민감성이 소비성향에 미치는 영향, 한국의류산업학회지, 9(6), 589-59
34	이명현, 이형룡(2013), 골프참여자의 체면민감성과 소비성향의 관계에서 성별과 골프실력의 조절효과에 대한 연구, 호텔경영학연구, 22(5), 61-82.
35	김세희(2011), 사회적 바람직성이 소비자 설문 응답 및 결과 분석에 미치는 영향: 체면민감성이 의복 소비 행동에 미치는 영향 분석 사례를 이용하여, 한국의류학회지, 35(11), 1322-1332.
36	서용한, 오희선, 전민지(2011), 체면이 명품소비행동에 미치는 영향에 관한 연구, 한국의류산업학회지, 13(1), 25-31.
37	최선형, 오현주(2011), 미국거주 경험자의 시각에서 본 한국 여성의 의복 행동, 대한가정학회지, 39(1): 11-27.
38	최영래, 이제희(2011), 여가스포츠 참여자의 신분의식과 체면민감성이 과시적 여가소비에 미치는 영향, 한국체육학회지, 50(4), 1-11.
39	최유진, 황진숙(2010), 남녀 명품소비자의 과시소비성향이 명품추구 혜택 및 상표충성도에 미치는 영향, 한국의류학회학술대회논문집, 2010, 96-96.

40	전태준(2009), 생활체육참가자의 운동중독과 대인관계 및 체면민감성의 관계, 한국사회체육학회지, 38, 1351-1362
41	Labarbera, P.(1988), The nouveau riches conspicuous consumption and the issue of self-fulfillment, Research in Consumer Behavior, 21, 179-210.
42	김경호(2002), 자아존중감, 체면민감성과 자기제시전략간의 관계, 중앙대학교 대학원 석사학위논문.
43	최상진(2000), 한국인의 심리학, 중앙대학교 출판부, 서울, 61-190
44	Brown P. and Levinson, S. (1987), Politeness: Some Universals in Languages, Cambridge University Press, Cambridge.
45	Goffman, E. (1959), The presentation of Self in Everyday Life, Doubleday, New York, 167-207.
46	성영신(1994), 한국인의 그릇된 물질주의와 과소비유형, 한국심리학회지, 1(1), 69-82.
47	차영란(2002), 부유층의 소비행동 특성과 상품선택에서의 심리사회적 준거차원 분석, 중앙대학교 대학원 박사학위논문.
48	Mason, R. S. (1981), Conspicuous Consumption: A study of Exception Consumer Behavior, St. Martin's Press, N. Y.
49	양병창(2001), 인상관리전략들의 반응강도에 대한 자존심, 체면, 상황적 요인의 효과, 미간행 박사학위논문, 중앙대학교 대학원.
50	J. J. Kacen and J. A. Lee, (1986), The Influence on consumer impulsive buying behavior style, Journal of Consumer Psychology, 20(2), 267-279.
51	Rook, D. W. (1987), The Buying Impulsive. Journal ofConsumer Research, 14(2), 189-199.

52	김화동(2005), 인터넷 쇼핑 충동구매유형에 따른 소비자 특성 및 구매 후 행동의 차이에 관한 연구, 한국광고홍보학보, 7(4), 297-318.
53	양윤, 박민지(2014), 충동구매 경향성과 예기된 죄책감에 따른 쾌락재와 실용재의 선택, 한국심리학회지: 소비자광고, 15(1), 41-56.
54	양윤(2016), 인터넷 쇼핑 충동구매성향과 개인성향의 관계 연구, 한국콘텐츠학회논문지, 16(5), 710-719.
55	유승엽(2007), 한국인의 문화심리 특성요인과 의례소비, 한국심리학회지, 소비자광고, 8(2), 205-233.
56	Assael, H. (1984), Consumer behavior and marketing action, 2nd(ed.), Boston: Kent Publishing Company.
57	Park, C. W., Iyer, E. S., & Smith, D. C. (1989), The effect of situational factors on in-store environment and time available for shopping, Journal of Consumer Research, 15(4), 422-433.
58	선정희, 박은주(1994), 의복 구매 유형에 관련된 상황 변수 연구: 계획구매, 비계획구매, 충동구매를 중심으로, 한국의류학회지, 18(4), 536-548.
59	김철수(1996), 충동구매에 미치는 영향요인에 관한 실증적 연구, 연세대학교 경영대학원, 석사학위논문.
60	김수영, 유두련(2001), 대형할인매장 이용자의 충동구매에 관한 연구, 한국가정관리학회지, 19(1), 95-110.
61	Lee, C. (1988), Cross-cultural validity of the Fishbein's behavioral intenrion model: Culture-bound or culture-free? Doctoral Dissertation, University of Texas, Austin.
62	나은영(1995), 의식개혁에 장애가 되는 문화적 요인들: 체면과 동조, 한국심리학회지: 사회문제, 2(1), 33-51.

63	최상진(2004), 한국인의 사회심리학, 한국심리학회지, 2, 151-162.
64	이정찬(2010), 소비자의 쇼핑스타일과 체면민감성 및 혁신성이 세컨 브랜드 호감도에 미치는 영향, 미간행 석사학위논문, 중앙대학교 대학원.
65	Campbell, W. K., Rudich, E. A., & Sedikides, C.(2002), Narcissism, selfesteem and the positivity of self-views: Two portraits of self-love, Personality and Social Psychology Bulletin, 28(3), 358-368.
66	Belk, R. W.(1998), Possessions and the extended self, Journal of Consumer Research, 15(2), 139-168.
67	Leary, M., & Kowalski, R. (1990), Impression management: A literature and two component model, Psychological Bulletin, 107(1), 34-47.
68	최상진, 진승범(1995), 한국인의 눈치의 심리적 표상체계: 대학생을 중심으로, 한국심리학회 연차대회 학술발표논문집, 511-521.
69	Bloch, P. H., & Richins, M. L. (1983), A Theoretical Model for the Study of Product Importance Perceptions, Journal of Marketing, 47(Summer), 69-81.
70	문정림(2014), 골프참여자의 신분의식이 체면민감성 및 골프소비유형에 미치는 영향, 미간행 석사학위논문, 단국대학교 대학원.
71	Chan, H., Wan, L. C., & Sin, L. M.(2009), The Contrasting Effects of Culture on Consumer Tolerance: Interpersonal Face and Impersonal Fate, Journal of Consumer Research, 36(2), 292-304.
72	이병관(2012), 골프소비자의 체면중시에 따른 과시소비성향이 명품 선호도 및 명품구매의도에 미치는 영향, 한국체육과학회지, 21(4), 635-644.
73	진대건, 유소이(2018), 소비자의 체면민감성과 아웃도어웨어 구매행

	동 연구-과시소비의 매개효과 분석, 패션비즈니스, 22(2), 14-26.
74	조승호, 조상훈(2015), 체면민감성이 소비자의 브랜드 로고사이즈 선택에 미치는 영향, 한국콘텐츠학회, 15(7), 500-510.
75	Zhang, X., Cao, Q., & Grigoriou, N.(2011), Consciousness of social face: The development and validation of a scale measuring desire to gain face versus fear of losing face, The Journal of social psychology, 151(2), 129-149.
76	박은희, 구양숙(2014), 대학생의 과시소비성향과 청바지 착용태도 및 구매행동, 한국의상디자인학회, 16(1), 65-76.
77	Bao, Y., Zhou, K. Z., & Su, C.(2003), Face Consciousness and Risk Aversion: How Do They Affect Consumer Decisi on Making?, Psychology and Marketing, 20(8), 733-755.
78	Goffman, E. (1955), On face-work: An analysis of ritual elements in social interaction, Psychiatry, 18, 213-231.
79	Sung, Y. (1994), Materialism and types of ostentation consumption, Korean Journal of Culture and Social Issues, 1(1), 69-82.
80	Kim, N. (2007), A luxury country: Luxury Korea, Seoul: Miraebook.
81	Manson, R. (1984), Conspicuous consumption: A literature review, European Journal of Marketing, 18(3), 26-39.
82	Kim, Y., Kim, K. [Kibum], & Hu, S. (2004), Multilevel analysis of conspicuous consuming behavior, Korean Journal of Clinical Psychology, 1, 279-280.
83	Kotler, P. (2000), A cognitive model of the antecedents and consequences of satisfaction decisions, Journal of Marketing Research, 17(4), 460-469.
84	안정훈(2016), 아웃도어 용품소비자의 과시소비성향이 브랜드태도,

	브랜드만족 및 브랜드충성도에 미치는 영향, 미간행 석사학위논문, 경희대학교 대학원.
85	김태현, 김재범(2004), 체면욕구가 목표설정, 몰입 및 체면손상정도에 미치는 영향에 관한 연구, 협상연구, 10(2), 73-95.
86	이병관(2014), 골프 고객의 체면민감성과 명품선호도, 명품구매의도와의 구조적 관계, 관광레저연구, 26(1), 339-356.
87	박상훈(2013), 골프참여자의 골프문화특성이 체면민감성과 상징적 소비성향에 미치는 영향, 한양대학교, 대학원 박사학위논문.
88	이석재, 최상진(2001), 체면지향행동의 이원구조모델 검증, 한국심리학회지: 사회 및 성격, 15(2), 65-83.
89	최상진, 김기범(1998), 체면의 내적 구조, 한국심리학회 연차대회 학술 발표논문지, 559-577.
90	최상진, 양병창(1999), 체면의 구조와 임상적 의미분석, 한국심리학회 연차학술 발표논문, 54-57.
91	최상진, 박정열, 이장주(1997), 한국인의 우쭐심리, 한국심리학회 연차학술대회 발표논문, 551-577.
92	오세숙, 김종순, 김성준(2011), 골프 참여자의 여가행동 영향요인 분석, 한국여성체육학회지, 25(3), 205-219.
93	양준영, 최영환, 박기주(2010), 국내 브랜드 골프클럽 경쟁력강화를 위한 전략탐색, 한국사회체육학회지, 41(1), 313-322.
94	차영란, 김기범(2004), 노년 부유층의 자아 존중감, 체면 민감성과 소비 행동의 관계 분석, 미디어 경제와 문화, 2(2), 85-117.
95	윤태림(1986), 한국인의 성격, 동방도서: 서울, 230-235.
96	Schwartz, G.,(2011), The Impulse Economy: Understanding Mobile Shoppers and What Makes Them Buy, Atria Books.

97	Wu, Y. and Ye, Y (2013), Impulsive Buying Behavior in Mobile Commerce, "PACIS 2013 Proceedings, 142.
98	Shankar, V., Rangaswamy, A., and Pusateri, M(1999), The online medium and customer price sensitivity, eBusiness Research Center, University Park.
99	전종근, 박철(2006), 웹 로그 데이터를 이용한 온라인 소비자의 가격민감도 영향요인에 관한 연구, Journal of Information Technology Applications & Management, 13(1), 1-16.
100	Bakos, J. Y,(1997), Reducing Buyer Search Costs: Implications for Electronic Marketplaces, Management Science, 43(2), 1676-1692.
101	Alba, J., Lynch, J., Weitz, B., Janiszewski, C., Lutz, R., Sawyer, A., and Wood, S., "Interactive Home Shopping: Consumer, Retailer, and Manufacture Inventives to Participate in Electronic Marketplaces, Journal of Marketing, 45(4), 38-53.
102	Heilman, C. M., Nakamoto, K., and Rao, A. G.(2002), Pleasant Surprises: Consumer Response to Unexpected in-Store Coupons, Journal of Marketing Research, 56(2), 242-252.
103	김영미, 이형주(2014), 소비자의 충동구매 선행변수로서 점포이미지와 가격할인의 비교연구, 한국소비자광고심리학회지, 15(2), 255-278.
104	Muruganantham G. and Bhakat, R. S., (2013), A Review of Impulse Buying Behavior, International Journal of Marketing Studies, 5(3), 49-151.
105	Ainslie, G. (1975), Specious Reward: A Behavioral Theory of Impulsiveness and Impulse Control, Psychological Bulletin, 82(4), 463.
106	Dittmar, H., and Drury, J.,(2000), Self-image-is it in the Bag? A

	Qualitative Comparison between "Ordinary" and "Consumers," Journal of Economic Psychology, 21(2), 109-142.
107	Goldsmith, R. E., Kim, D., Flynn, L. R., & Kim, W. M. (2005), Price sensitivity and innovativeness for fashion among Korean consumers, The Journal of Social Psychology, 145(5), 501-508.
108	Nam, E., & Lee, J. (2009), Comparison of price sensitivity based on the shopping value, purpose of use and social situation, Journal of the Korean Society of Clothing and Textiles, 33(9), 1452-1462.
109	Bao, Y., Zhou, K. Z., & Su, C. (2003), Face consciousness andrisk aversion: Do they affect consumer decision-making? Psychology & Marketing, 20(8), 733-755.
110	Goldsmith, R. E., & Newell, S. J. (1997), Innovativeness and price sensitivity: Managerial, theoretical and methodological issues, Journal of Product & Brand Management, 6(3), 163-174.
111	Parker, P. M. (1992), Price elasticity dynamics over the adoption life cycle, Journal of Marketing Research, 29(3), 358-367.
112	Kollat, D. T. and Willet, R. P., Consumer impulse Purchasing Behavior, Journal of Marketing Research, 4(12), 1967, 21-31.
113	Weinberg, P. and Gottwald, W., Consumer buying as a result of emotion, Journal of Business research, 10(1), 1982, 43-57
114	박은주, 정영옥(2002), 의복충동구매행동에 대한 점포 내 구매 상황과 감정적 요인의 영향, 한국의류학회, 26(3), 379-389.
115	전상택, 이형주(2012), 인터넷 쇼핑몰에서 서비스품질 및 쇼핑흥미도와 충동구매 간에 소비감정의 매개역할에 관한 연구, 인터넷전자상거래연구, 12(2), 205-230.
116	안승철(1996), 충동구매 소비자의 구매행위와 심리적 특성에 관한

	연구, 대한가정학회자, 34(4), 1-19.
117	강은미, 박은주(2001), 소비자의 내적 특성이 의복충동구매 행동에 미치는 영향: 감가추구성향, 의복탐색행동, 점포유형을 중심으로, 한국의류학회지, 25(3), 586-597.
118	Lynch Jr., John and Dan Ariely, "Interactive Home Shopping: Effects of Search Cost for Price and Quality Information on Price Sensitivity, Satisfaction with Merchandise, and Retention," Working Paper, Fuqua School of Business, Duke University, 1999.
119	Kotler. P. Marketing an Introduction, 3rd eds, PRENTICE HALL, 279, 1993
120	Jacoby, Jacob., Chestnut, and Fisher, Olson Jerry, C, "Consumer Response to Price: An Attitudinal, Information Processing Perspective," in Moving Ahead with Attitude Research, Y. Wind and B. Greenberg, eds, Chicago: American Marketing Association, 1977.
121	Tellis, Gerard J, The Price Elasticity of Selective Demand: A Meta-Analysis of Econometric Models of Sales, Journal of Marketing Research, 25(November), 331-341, 1988.
122	Degeratu, Alexandru, Arvind Rangaswamy, and Jianan Wu, "Consumer Choice Behavior in Online and Traditional Supermarkets: The Effects of Brand Name, Price, and Other Search Attributes," Working Paper, The Smeal College of Business, Penn State University, PA 16802-3007, 1999.
123	Stigler, G., "The Economics of Information," Journal of Political Economy, 69, 213-225, June 1961.
124	Urbany, Joel E., Peter Dickson, and Kalapurakal, "Price Search in the Grocery Market," Journal of Marketing, 91-104, 1996.

125	Lichtenstein, Donald R., Nancy M. Ridgway, and Richard G. Netemeyer, "Price Perceptions and Consumer Shopping Behavior: A Field Study," Journal of Marketing Research, 30(May), 234-245, 1993.
126	Kalra, Ajay and Ronald C. Goodstein, "The Impact of Adveritising Positioning Strategies on Consumer Price Sensitivity," Journal of Marketing Research, Vol.XXXV, (May), 210-224, 1998.
127	박명숙(1991), 소비자가 인지한 가격에 대한 품질만족에 관한 연구: 외출복 구매를 중심으로, 한국가정관리학회지, 9(2), 37-48.
128	박성민(2000), 온라인 환경 하에서 소비자 가격민감도에 영향을 미치는 변수에 관한 고찰, 국민대 석사학위논문.
129	김병운, 김방룡(2001), 인터넷접속 서비스 소비자선호도 및 가격민감도 분석, 정보통신동향분석, 16(4), 96-105.
130	이형직, 성영신(1992), 준거가격의 심리적 접근, 한국심리학회 학술발표논문집, 343-353.
131	문주연(1999), 마케팅-원리와 최신동향, 청목출판사.
132	Bloch, Peter H., & Richins L. Marsha (1983), A Theoretical Model for the study of Product Importance Perceptions, Journal of Marketing, 47, 69-81.
133	Lichtenstein, Donald R., Perer H, Bloch & William C. Black (1988), Correlates of Price Acceptability, Journal of Marketing Research, 30, 234-245.
134	Huber, Joel, Morris B. Holerook, & Barbara Kahn (1986), Effect of Competitive Context and of Additional Information on Price Sensitivity, Journal of Marketing Rearh, 23, 250-260.
135	Burke, Raymond R., Bari A. Harlam, Barhara E. Kahn, & Leonard M. Lodish (1992), Comparing Dynamic Consumer Choice in Real and

	Computer-Simulated Environments, Journal of Consumer Research, 19, 71-82.
136	Shankar, Venkatesh, Arvind Rangawamy & Lakshman Krishnamurith (1996), Relating Price Sensitivity to Retailer Pricing and Promotional Variables: An Empirical Analysis, Journal of Retaling, 72, 249-272.
137	최선규, 이명호(2000), 디지털경제의 본질과 향후 과제에 관한 경제학적 접근, 하계정보통신정책학회, 1-20.
138	김승화, 김방룡(2001), 인터넷접속 서비스 소비자선호도 및 가격민감도 분석, 정보통신동향분석, 16(4), 96-105.
139	김병욱(2001), 인터넷 쇼핑몰 내의 디지털 상품과 물리적 상품별 비용 우위 효과분석 연구: 전통시장과의 비교를 중심으로, 서울대학교 대학원 석사학위논문.
140	Renoux, Y. (1973), Publc Policy and Making Practices, in F. C. Allivine(Ed.), Combined Proceeding, Chicago: American Marketing Association, 78-86.
141	이제홍, 박노경(2001), 국내외 전자상거래 소비자만족과 구매 후 행동에 관한 실증분석, 무역학회지, 26(2), 379-403.
142	유현정, 김기옥(2001), 쇼핑몰 유형별 인터넷쇼핑에 대한 소비자만족모델-20, 30대 소비자를 중심으로, 소비자학연구, 12(4), 223-254.
143	Ward, Michael R. (1999), Will E-commerce Compete more with Tradirional Retailing or Direct Marketing?, Working Paper, Univ, of Illinois, Urbana- Champaign.
144	Stern H. (1962), The significance of impulse buying today, Journal of Marketing, 26, 46-49.
145	황선진, 백소라(2009), 인터넷 충동구매성향과 가격, 희소성 메시지가 의류제품에 대한 호의도와 구매의도에 미치는 영향, 한국의류학

	회지, 33(10), 1519-1529.
146	김민철(2009), 청소년의 온라인 스포츠용품 구매결정과정에서 충동구매의 매개효과분석, 한국체육학회지, 48(4), 189-202.
147	이은희, 종은영(2003), Cable TV홈쇼핑에서의 충동구매에 영향을 미치는 요인, 한국가정관리학회지, 21(2), 61-74.
148	Sherif M. & Cantril H. (1947), The Phychology of ego-involvements, social attitudes& identifivation, Wiely Publications in psychology.
149	리대용, 이상빈(2000), 소비자행동론, (주) 영풍문고
150	Petty R. E. & Cacioppo J. T.(1986), The elaboration Likelihood Model of Persuasion, Advances in Experimental Social Psychology, 19, 123-205.
151	Zaichkowsky J. L. (1985), Measuring the involvement construct, Journal of Consumer Research, 12(DEC), 341-352.
152	이학식, 임지훈, 백형조(2003), 반복 구매상화에서 기대-불일치 패러다임에 관한 연구: 예상자신감의 조정적 역할, 소비자학 연구, 14(2), 85-113.
153	Celsi, R. L., & Olson, J. C. (1998), The Role of Involvement in Attention and Comprehension Process, Journal of Consumer Research, 15(September), 210-224.
154	이학식, 안광호(1992), 소비자 행동-마케팅 전략적 접근, 서울: 범무사.
155	MacInnis, D. J., & Patrick, V. M. (2006), Spotlight on affect: Affect and affective forecasting in impulse control, Journal of Consumer Psychology, 16(3), 224-231.
156	Ramanathan, S., & Williams, P. (2007), Immediate and delayed emotional consequences of indulgence: The moderating influence of personality

	type on mixed emotions. Journal of Consumer Research, 34(2), 212-223.
157	Krugman, H. E. (1965), The impact of television advertising: Learning without involvement, Public Opinion Quarterly, 29, 349-356.
158	Rook, D. W.,& Fisher, R. J. 1995), Normative influences on impulsive buying behavior, Journal of Cosumer Research, 22(Dec), 305-313.
159	Tauber, E. M. (1972), Why Do People Shop? Journal of Marketing, 36(October), 46-59.
160	Bayley, G. & Nancarrow, C.(1998), Impulse purchasing: A qualitative exploration of the phenomenon, Qualtiative Market Research, (2), 99-114.
161	Hausman, A. (2000), A multi-method investigation of consumer motivations in impulse buying behavior, Journal of Consumer Marketing, 17(5), 403-419.
162	Festinger, L. (1957), A tbeory of cognitive dissonance, New York: Harper Row.
163	Kassarjian, K. G.(1981), Low involvement: Second look, Advances in Consumer Research, 8, 31-34.
164	최선봉, (1992), 충동구매자와 비충동구매자의 심리적 특성에 관한 비교연구, 한양대학교 석사학위 논문.
165	남승규(1999), 충동구매와 개인적 가치, 한국심리학회지: 산업 및 조직, 11(1), 1-11.
166	박은주, 강은미(2000), 의류점포 내 상황요인과 제품의 소비가치가 충동구매행동에 미치는 영향, 한국의류학회지, 24(6), 873-883.
167	박은주(2005b), 패션제품 충동구매행동에 대한 브라우징의 증재효

	과, 한국의류학회지, 29(9/10), 1340-1348.
168	Leuba, C. (1995), Toward some integration of learning theories: The concept of optimum stimulation, Psychological Report, 1, 35-36.
169	Bellenger, D. N., D. H. Robertson and E. C. Hirschman (1978), Impulse buying varies by product, Journal of Advertising Research, 18(6), 15-18.
170	Piron F. (1991), Defining Impulse Purchasing., Advances in Consumer Research, 18, 509-514.
171	Antil, J. H.,(1984), Conceptualization and operationalization of involvement, Advertising in Consumer Research. 6, 73-77
172	Engel, J.F., and R.D. Blackwell, Consumer behavior, Hinsdale, IL: Drydem Press,1982.
173	Krugman, H. E. (1967), The measurement of advertising involvement, Public Opinion Quarterly, 30, 163-204
174	Rothschild, M.L., Involvement as a Determinunt of Decision Marking Style(Chicago: American Marketing assocition), ed, E.M. Mazze., 1975, 76-77.
175	이혜경(2009), 이슈광고의 유형과 관여도에 따른 광고 효과 연구, 서강대학교 석사학위논문.
176	Jones, M., K.E. Reynolds, S. Weun, and S. E. Betty. (2003), The product-specific nature of impulse buying tendency, Journal of Business Research, 56, 505-511.
177	이상빈, 안우식(1990), 구매 관여자 특성의 연구, 사회과학연구, 17, 117-138.
178	Park, J. and T.L. Childers. (2006), If I touch it I have to have it:

	individual and environmental influences on impulse purchasing, Journal of Business Research, 59(6), 765-769
179	이영주(2007), 충동구매의 심리적 측면에 관한 연구, 소비자학연구, 18(1), 614-627.
180	박은주, 강은미(2016), 모바일 패션 쇼핑몰에서 패션제품 속성과 모바일 쇼핑몰 속성이 충동구매 행동 및 만족에 미치는 영향, 한국의류산업학회지, 18(2), 158-166.
181	오희선(2016), 충동구매성향이 쇼핑중독과 쇼핑만족에 미치는 영향, 조형미디어학, 19(2), 167-173.
182	서문식, 천명환, 안진우(2009), 충동구매, 낭비적인가?, 소비자학연구, 20(1), 65-92.
183	고선영(2008), 비계획구매의 유형화에 관한 탐색적 연구: 의류제품의 구매의사결정을 중심으로, 소비자학연구, 19(3), 147-162.
184	Oliver, R. L.(1997), Satisfaction: A Behavioral Perspective on the Customer, McGraw-Hill.
185	이유재(2000), 고객만족 연구에서 관한 종합적 고찰, 소비자학연구, 11(3), 139-166.
186	손영화(2013), 고객심리학, 커뮤니케이션북스
187	리선아, 이유재(2015), 고객만족, 고객충성도, 관계마케팅, 고객관계관리 관련 문헌에 관한 종합적 고찰, 마케팅연구, 30(1), 53-104.
188	Scherhorn, G. (1990), The addictive trait in buying behavior, Journal of consumer policy, 31, 33-51.
189	Vohs, K. D. and R. J. Faber,. (2007), Self-Regulatory Resource Availability Affects Impulse Buying, Journal of Consumer Research, 33(4), 537-547.

190	오종철(2008), 디지털 콘텐츠의 충동구매 의사결정과정에 관한 연구, 경기대학교 박사학위논문.
191	이은지, 나윤규(2007), 패션상품과 인터넷 유통, 경기도 파주: 한국학술정보, 181.
192	Cobby, C. J., & Hoyer, W. D. (1986), Planned versus impulse purchase behavior, Journal of Retailing, 62(4), 384-409.
193	Rook, D. W., & Hoch, S. H. (1985), Consumer impulses, Advances in Consumer Resaerch, 12(1), 23-27.
194	김선화, 이영선(2001), 유행선도력과 쇼핑관련특성과의 관계 연구-쇼핑동기, 지속적 정보탐색, 충동구매와 관련하여-, 한국의류학회지, 25(1), 162-172.
195	박은주(2005s), 패션제품 충동구매행동에 대한 브라우징의 중재효과, 한국의류학회지, 29(9/10), 1306-1315.
196	전대근, 추호정, 김현숙(2010), 남자 대학생의 의복관여, 유행혁신성, 충동구매, 브랜드 충성도에 관한 연구, 한국의류학회지, 34(3), 424-436.
197	Han, Y. K., G.A. Kotsiopulos, A., & Kang-Park, J. (1991), Impulse buying behavior of apparel purchssers Clothing and Textiles Research Journal, 9(3), 15-21.
198	김영숙, 심미영(2001), 소비자 충동구매행동 유형화에 관한 연구-마케팅 자극변인, 소비자 탐색적 활동변인 및 심리적 변인을 주심으로, 경성대학교 논문집, 22(1), 263-279.
199	김영숙(2000), 사이버 마아켓에서의 소비자 충동구매성향 분석, 대한가정학회지, 38(12), 111-129.
200	이현정, 김수미(2006), 인터넷 쇼핑몰에서의 의류의 충동구매에 관한 연구, 복식문화연구, 14(6), 917-931.

201	김연경(2008), 인터넷 쇼핑몰에서의 의복 구매 행동에 관한 연구, 충동구매 자극요인을 중심으로, 이화여자대학교 대학원 석사학위논문.
202	장현성(2009), 인터넷 쇼핑에서 충동구매 측정을 위한 척도의 개발 및 특성분석, 한국가정관리학회지, 27(4), 127-139.
203	Bakos, J. K. (1991), A strategic analysis of electronic marketplaces, MIS Quarterly, 15(3), 295-310.
204	Chen, T. (2008), Online impulse buying and product involvement, Communicatings of the IBIMA, 5(10), 74-81.
205	Koski, N. (2004), Impulse buying on the internet: Encouraging and discouraging factors, Frontiers of E-Business Research, 4, 23-35.
206	임현전, 홍금희(2004), 인터넷 의류 쇼핑동기에 따른 정보탐색과 충동구매행동 연구, 한국의류학회지, 28(8), 1065-1075.
207	변현수(2008), 인터넷 가용자의 신뢰, 충동, 몰입이 쇼핑몰 방문 후 결과에 미치는 영향, 대한경영학회지, 21(4), 1523-1542.
208	추리리(2011), 마케팅 자극요인이 충동구매성향에 영향을 미치는 과정에서 소비자의 심리적 특성요인의 조절변수역할과 충동구매성향이 충동구매 후 만족도에 미치는 영향, 중앙대학교 대학원, 석사학위논문.
209	Bhatnagar, A., Misra, S., & Rao, H. R., (2000), On risk, convenience, and internet shopping behavior, Communication of the ACM, 43(11), 98-105.
210	Madhavaram, S. R., & Laverie, D.A. (2004), Exploring impulse purchasing on the internet, Advances in Consumer Research, 31(1), 59-66.
211	Cho, C. H,, Kang, J. W., & Cheon, H. J. (2006), Online shopping hesitation, Cyberpsycholohy & Behavior, 9(3), 261-274.

212	Anron, C., Camarero, C., & Carrero, M. (2007), Analysing firms's failures as dereminants of consumer swiching intentions: The effect of moderating factorss, European Journal of Marketing, 41(1/2), 135-158.
213	강경자(1999), 쇼핑성향에 따른 여대생의 충동구매와 심리적 특성에 관한 연구, 복식문화연구, 7(4), 127-138.
214	곽동성(2002), 마케팅, 서울; 동성출판사.
215	Howard, J. A., & Sheth, J. N. (1990), The story of Buyer Behavior, New York: John Wiley & Sons, Inc., 145-146.
216	Gilly, Mary, C. & Hansen, Rechard W. (1985), Consumer Complaint Handing as a Strategic Marketing Tool, The Journal of Consumer Marketing, 2(4), 5-17.
217	Anderson, Rolph E. (1973), Consumer Dissatisfaction: The Effect of Disconfirmed Expectancy on Perceived Product Performance, Journal of Marketing Research, 10(Feb), 38-44.
218	전달영, 최영준(2001), 인터넷 쇼핑몰 매장환경이 소비자의 쇼핑가치 및 쇼핑의도에 미치는 영향, 산업과경영, 14(1), 395-417.
219	김영미(2003), 인터넷 쇼핑과 TV홈쇼핑간의 충동구매와 지각위험에 관한 비교 연구, 조선대학교 대학원 석사학위논문.
220	조재영(1996), 소비자의 경험에 대한 현상학적 연구-충동구매경험을 중심으로, 광고연구, 32(1), 151-172.
221	장현철(2001), 의류제품 충동구매에 관한 연구, 조선대학교 대학원 석사학위논문.
222	홍상진(2005), 유료 인터넷 콘텐츠 특성과 플로우, 만족 및 재구매의도에 관한 연구, 경기대학교 대학원 박사학위논문.
223	박명희(1985), 소비자 만족, 불만족의 개념에 관한 이론적 연구, 대

	한가정학회지, 23(1), 3-12.
224	서문식, 천명환, 안진우(2009), 충동구매: 낭비적인가? 소비자학연구, 20(1), 65-92.
225	Yoo, C., Park, J., & D. J. Macinnis (1995), The Effects of Sore Characteristics and In-Store Emotional Experiences on Store Attitudes, Jounal of Business Research, 42(3), 252-263.
226	문희강, 윤남희(2009), 패션제품 충동구매 후 긍정적 감정 형성에 관한 연구-구매 후 인지적 효율평가의 매개효과를 중심으로, 소비자학연구, 20(2), 203-220.
227	공문성, 오연경(2014), 심리적 기제가 충동구매 성향에 미치는 영향과 충동구매 성향에 따른 구매 후 평가의 차이, 의류제품 구매상황을 중심으로, 대한가정학회지, 52(2), 175-188.
228	Weinberg, P. & W. Gottald (1982), Impulsive Consumer Buying as a Result of Emotions, Journal of Business Research, 10(1), 43-57.
229	Garble, M. P & D. W. Rook (1988), Effects of Impulse Purchases on Consumer' Affective States, Advances in Consumer Research, 15, 127-130.
230	Leuba, C. (1995), Toward some intergration of learning theories: The concept of optimum stimulation, Psychological Report, 1, 35-36.
231	조남기(1997), 소비자의 팽창가격할인 광고에 대한 반응에 있어서 준거가격 및 준거프레임의 영향, 마케팅연구, 12(2), 124-126.
233	Parboteeah, D. Veena, Joseph, S. Valacich, & John, D. Wells (2009), The Influence of Website Chatacterstics on a Consumer's Urge to Buy Impulsively, Information Systems Research, 20(1), 60-78.
234	LaRose, Robert (2001), On the negative effects of e-commerce: A sociocogntive exploration of unregylated on-line buying, Journal of

	Computer Mediated Communication, 6(3).
235	Tom, Nancy Spears (2006), Just moseying around and happening upon it versus a master plan: Miniming regret in impulse versus planned sales promotion purchases, Psychology & Marketing, 23(1), 57-73.
236	Nunnally, J. C (1967), Psychometric Theory, McGraw-Hill, New York.
237	김영미, 이형주(2014), 소비자의 충동구매 선행변수로서 점포이미지와 가격할인의 비교 연구, 한국소비자광고심리학회지, 15(2), 255-278.
238	김미선(1996), 물질주의 성향과 충동구매 행동에 관한 연구, 서울대학교 석사학위논문.
239	Mowen, J. C. (1990), Consumer Behavior, 2nd ed, Macmillan Publishing Company, 282-312.
240	Malter, A. J. (1996), n Introduction to Embodied Cognition: Implication for Consumer Research," Advances in Consumer Research, 23, 272-276.
241	D'antony, Hiseph Jr. and Howare L. Shenson (1973), Impulse Buying Revisited: A Behavioral Typology, Journal of retailing, 49(1), 63-76.
242	Thompson, Craig J., William B. Locander, and Howard R. Pollio (1990), The Lived Meaning of Free Choice: An Existential-Phenomenological, Description of Everyday Consumer Experiences of Contemporary Married Women," Journal of Consumer Research, 17(December), 346-361.
243	Bloch, P. H. (1982), Involvement beyond the purchase process: conceptual issues and empirical investigation, Advances in Consumer Research, 9(1), 413-417.
244	Engel, J. E., Blackwell, R. D. (1982), Consumer Behavior, 4th ed., NY., Dryden Press.

245	Mitchell. A. A. (1979), Involvement: A potentially important mediator of consumer behavior, Advance in Consumer Research, 6, 191-196.
246	이종명, 이선재(2002), 패션제품 소비자의 관여도와 의류광고효과과정에 관한 연구, 한국복식학회, 52(3), 99-109.
247	김영배(2013), 기업 커뮤니케이션에서 PPL배치 유형과 노출정도가 소비자반응에 미치는 영향: 브랜드친숙도와 제품관여도의 조절효과를 중심으로, 박사학위논문, 홍의대학교 대학원.
248	Park, C. & Kim, I. K. (2014), Factors Influencing Impulsive Buying and Regret in Mobile Shopping: Perceived Information Control, Price Sensitivity, and Overconfidence, The Journal of Internet Electronic Commerce Research, 14(6), 201-217.
249	Kim, S. W. & Park, B. J. (2003), A study on the price sensitivity and sostpurchase satisfaction in internet shopping mall, Journal of the Korean Home Economics Association, 41(9), 69-83. 김시월, 박배진(2013), 인터넷 쇼핑몰에서 가격민감도와 구매 후 만족도에 관한 연구, 대한가정학회지, 41(9), 69-83.
250	박경도, 박진용, 전승은(2007), 유통업체와 제조업체 브랜드의 성공적 제휴: 가격과 품질 민감성의 조절효과, 유통연구, 12, 109-125.
251	Lee, E. J. (2015), Price sensitivity, repurchasing and switching intention of internet fashion consumers, Journal of the Korean Society of Clothing and Textiles, 39(1), 106-120.
252	안준모, 이국희(2001), 인터넷 쇼핑환경에서의 고객충성도에 영향을 미치는 요인에 관한 연구: 국내 인터넷 쇼핑몰 산업을 중심으로, 경영정보학연구, 11(4), 135-153.
253	황선진, 한상인(2000), 인터넷 쇼핑에서 의복의 가격과 유형이 구매

	행동에 미치는 영향, 생활과학, 3, 259-280.
254	안광호, 황성진, 정찬진(2005), 패션마케팅, 서울: 수학사.
255	유현정, 김기옥(2000), 소비자만족/ 불만족을 통해 본 전자상거래 소비자의 유형과 특성, 대한가정학회지, 38(12), 85-99.
256	임세준, 이동현(2012), 스포츠용품 충동구매 과정에서 구매위험지각과 비구매 위험지각이 구매만족도에 미치는 영향, 한국체육과학회지, 21(3), 763-771.
257	Shankar, V., Rangaswamy, A. & Pusateri, M. (1999), The online medium and customer price sensitivity, eBRC(eBusiness Research Center) Working Paper, 1999(04), 1-41.
258	Bowen, J. T. & Shoemaker, S. (1998), Loyalty: A strategic commitment, Cornell Hospitality Quarterly, 39(1), 12-25.
259	김종욱, 이은진(2018), 인터넷 패션 소비자의 제품지식과 정보탐색이 가격민감도 및 전환의도에 미치는 영향, 패션과 니트, 16(3), 25-36.
260	양혜정, 황선진(2015), 소비자의 가격민감도에 따른 SPA브랜드 유형과 판매촉진 유형이 소비자 구매의도에 미치는 영향, 한국패션디자인학회지, 15(4), 139-151.
261	Jones, M., K. E. Reynold, S. Weun, and S. E. Betty. (2003), The product-specific nature of impulse buying tendency, Journal of Business Research, 56, 505-511.
262	이상빈, 안우식(1990), 구매 관여자 특성의 탐구, 사회과학연구, 17, 117-138.
263	Park, J. and T. L. Childers, (2006), If I touch it I have to have it: individual and environmental influences on impulse purchasing, Journal of Business Research, 59(6), 765-769.

264	성영신, 박진영, 박은아(2002), 온라인 구전정보가 영화관람 의도에 미치는 영향-기대를 중심으로, 광고연구, 57, 31-52.
265	유창조, 안광호, 방선이(2009), 온라인 구정정보 방향성과 동의수준이 소비자평가에 미치는 영향: 웹 사이트 상에서의 실험설계를 중심으로, 소비자문화연구, 12(4), 27-46.
266	이태민, 박철(2006), 온라인 구전정보의 방향성과 유형이 구매영향력에 미치는 효과: 한국과 미국의 국제비교, 마케팅연구, 21(1), 29-56.
267	김성훈(2003), 제품 관여도 및 제품지식에 따른 온라인 구전정보 활용 연구, 광고학연구, 14(1), 257-280.
268	유창조, 안광호, 박성휘(2011), 온라인 구전정보가 소비자 구매의도에 미치는 영향에 대한 실증연구-제품관여도, 조절초점, 자기효능감의 조절효과를 중심으로, 한국마케팅학회, 13(3), 209-231.
269	양성목, 김형길(2019), 모바일 충동구매와 구매 후 만족에 영향을 미치는 요인에 관한 연구, 인터넷전자상거래연구, 19(1), 307-330.
270	이은진(2011), 인터넷 패션 소비자의 충동구매성향이 긍정적, 부정적 구매행동에 미치는 영향, 한국의류산업학회지, 13(4), 511-522.
271	박진우, 송인암, 김규배(2018), 모바일 쇼핑에서 쇼핑 특성과 소비자 특성이 충동구매 및 만족에 미치는 영향, 산업경제연구, 31(1), 83-111.
272	박철, 전종근, 이태민(2015), 모바일 쇼핑만족에 영향을 미치는 고객 특성에 관한 연구: 한국, 중국, 미국, 일본 4개국 비교, 국제경영연구, 26(2), 99-128.

저자 유 명 강 劉明强

중국산동성 옌타이시 출생
신라대학교 국제관광학과(관광학사)
신라대학교 광고홍보학과(광고홍보학석사)
신라대학교 일반대학원 광고홍보학과(경영학박사)
현재 중국 청도이공대학교(靑島理工大學) 광고학과 조교수(講師)

대한경영정보학회 회원, 한국융합학회 회원, 한국마케팅커뮤니케이션학회 회원

〈대표 논문〉

- 유명강, 이보희(2020), 「체면민감성이 만족에 미치는 영향에 관한 연구-충동구매성향의 매개효과를 중심으로」, 경영과 정보연구, 39(1), 15-34.
- 유명강(2020), 「소비자성향에 따른 구매행동 연구-자기감시와 충동구매를 중심으로」, 마케팅커뮤니케이션연구, 11(1), 65-86.

체면소비 및 마케팅 전략
面子消費與營銷策略

초판 1쇄 인쇄 2022년 2월 25일
초판 1쇄 발행 2022년 3월 10일

지은이 유명강(劉明强)
펴낸이 이대현

책임편집 임애정 | 편집 이태곤 권분옥 문선희 강윤경
디자인 안혜진 최선주 이경진 | 마케팅 박태훈 안현진
펴낸곳 도서출판 역락 | 등록 1999년 4월 19일 제303-2002-000014호
주소 서울시 서초구 동광로46길 6-6(반포4동 577-25) 문창빌딩 2층(우06589)
전화 02-3409-2060(편집부), 2058(영업부) | 팩시밀리 02-3409-2059
전자우편 youkrack@hanmail.net
홈페이지 www.youkrackbooks.com

ISBN 979-11-6742-287-3 93320

字數 159,209字

정가는 뒤표지에 있습니다.